PTAのトリセツ

～保護者と校長の奮闘記～

今関明子
Akiko Imazeki
福本　靖
Yasushi Fukumoto

CAPエンタテインメント

はじめに

♪一年生〜になったぁらぁ〜、ともだち100にんできるかな〜

PTA役員に関わったことのある方なら一度は経験されたであろう入学式の風景です。今は保護者を卒業し来賓席に座ることになった私は、親子の笑顔をみていると「ようこそ小学校に！ここまで無事に育ったね！」と、目の前に並んでいる親子に、心から「幸あれ」と願わずにいられません。本当に友だちも100人できる、と思うくらい希望に満ち溢れたこの日。

保護者も先生も地域の来賓の方も、そして、この場にはいないけれど家で時計を見て「あっ入学式始まってるな」って遠くで思ってくれているおじいちゃんやおばあちゃん、誰もが子どもたちの幸せを純粋に願うハレの日です。ここから始まる学校での集団生活。

子どもがお世話になるのだから、と、謙虚な気持ちで向き合うPTA。そして知れば知るほど謎の多いPTA。真面目にやればやるほど、時間を食われるPTA。学校生活が長くなりボランティアのつもりで本部役員を引き受けて、目の前に差し迫る仕事を、家族にも気を使いあれこれ犠牲にしながら頑張っていても、ふと気がついてみれば結構きびしい世論やマスコミからのPTA批判。

「えっ?言われてる矛先、私たち?」

でも実際は自分たちの発想を生かす余裕なんてない仕組み。先生もＰＴＡ会員だしＰＴＡ会費も出してもらっているし、先生と保護者で協力して子どもたちの生活環境を良くするための足らずを補っていたつもりが、「ＰＴＡ会費で備品を買ってる!」なんて言われるご時世。ほかの学校では、卒業式で使うコサージュを（会費を払っていない）非会員にまで配るのはいかがなものかなどと、もめているし。

逃げても大変、関わっても大変なイメージのＰＴＡ。組織には上には上があり、会費がどこまで上納されているかわからないＰＴＡ。

そんな腫れ物みたいなＰＴＡとは気がつかず、「自分たちの使い勝手が良いように少し手を入れよか」とたまたま思った私たちＰＴＡ役員と、嘘が嫌いで、常に「出来ることはこれでおしまいか?もっともっとやるべきことはないか?生徒は満足しているか?」って呟いておられる福本校長先生とが、特に高い志を持ったわけでもなく、張り切ったわけでもなく、お互いに遠慮や忖度したわけでもなく、叶えたい形に向かって、共に自分の経験値からくる想いを総動員させて進んだ結果が、今の形になりました。

この本は、正解のない学校を舞台に、我が子を思う保護者たちと元来子ども好きで子どもたちの成長を願う先生方が、ゴールを「入学式と同じくらいの親子の笑顔」に設定したら、「こんなんできました!」っていう、PTA改革の記録です。「PTAなんて、ややこしい事を言いっぱなしの保護者の集団やろ」って思っておられる人にこそ、ぜひご覧いただきたい一冊です。

今関　明子

Contents
目次

第一部

保護者の想い

第1章　PTA改革への道のり

⑴ 変化の予感！「あの…やらせていただきます！」

２０１３年（平成25年）１月、当時、娘は神戸市立本多聞中学校の３年生、息子は隣接する神戸市立本多聞小学校の６年生。私は、息子の保護者として小学校のＰＴＡ会長を３年務めていました。娘が通う中学校では、年末に当時の教頭先生が急逝されるという不幸がありました。その後任として、３学期から新しい教頭先生がいらっしゃることになりました。

「今度の先生は、教育委員会から来られたらしいよ」

「えっ、教育委員会？それならきっと堅苦しいね。この学校が何かのモデル校になったり、先生方はたっぷりと研究授業をさせられるパターンやね」

「関係ないけど、あの先生、背が高いよね。きっとスポーツやってたんやわ」

「感じは爽やか系やね。だからってやっぱり中学でＰＴＡ役員をやるのはヤバいよね」

１月７日、３学期の始業式の朝。息子の通う小学校の校門で挨拶運動をしながら、遠巻きに眺めた斜向かいの中学校。それが、生徒を出迎えている福本教頭先生の第一印象でした。

次にお会いしたのは小学校の評議委員会です。福本教頭先生は校長先生の代理として出席されていました。評議員会のメンバー、すなわち地域の代表といわれる顔ぶれにはもう何年も入れ替わりはありません。学校の先生が異動で変わられるのが、唯一の新しい風って感じです。なので地域の方々も新しいメンバーには興味津々です。当たり障りない言葉を並べる先生か、自分たちと一緒に学校が良くなるように向き合ってくれる先生なのか…。

福本教頭先生は私たちに、小学生の授業の理解度にからめ、中学で必要な学力、これから高校入試で問われる力について、わかりやすく話をしてくださいました。そして、「だから小学校も中学校もこうありたい」と、力強くおっしゃいました。

私のイメージでは、中学から出席される先生はいつも型通りの挨拶です。例えば「この学校の児童は、授業をよくきいていますね。挨拶ができて元気で、先生方のしつけがよいですねー」というセリフが定番だと思っていましたから、教頭先生が学習について、ＰＴＡや地域の人にも真剣に語るのだ！と印象に強く残りました。

その１か月後、今度は逆に地域団体の会計監査で私が中学に行った時、職員室をのぞくと、福本教頭先生は「英語のプリント、何枚刷る？範囲はどうする？」と自習の準備をしていました。その日は、ＡＬＴ（外国語指導助手）の先生が小学校に出張のため、福本教頭先生が代わりを務めていたようです。「福本教頭先生は社会の先生って聞いていたけど、英語のプリントも作れるんだ！」とこれもまた印象に残っています。さらに、職員室で「今日、弁当を頼む先生はいるか？もう注文するで！」という先生の声。「この教頭先生、働き者やん！」「注文をとりながら若い先生をからかったりしてるけど、先生方の面倒もしっかりとみているんやわ」会うたびに何かしら良い意味のギャップを感じるようになりました。

当時、小学校のＰＴＡ会長として活動する中で、私が信頼を寄せていた小学校の校長先生は、口癖のように「小学校でもう十分働いてくれたから中学のＰＴＡは断っていいよ。格式と伝統を重んじる中学では今関さんが浮くやろし」と、言ってくださっていました。ところが、後任が福本教頭先生となったとたんに、「ＰＴＡを頼まれたなら受けたらいい。あの教頭先生がいるなら充実した活動ができる。ぜひ！」とアドバイスが真逆にかわりました。そして、私は、中学校のＰＴＡ選考委員さんから何度もかかってきた役員推薦の電話に、「あの…やらせていただきます！よろしくお願いします」と返事をすることになりました。小学校のＰＴＡを卒業したらフルタイムで働こう、と思っていたけれど、再度ＰＴＡと関わる事になった新春でした。

(2) 生徒も保護者も誰も喜ばない作業がスタート

ＰＴＡ本部役員を選出する時に、どの中学校も最初に注目するのは小学校時代の経験です。私もＰＴＡ本部役員の経験があったことで、当然のように声がかかり、息子の保護者として中学校入学と同時に副会長を引き受けました。同時期に３歳上の姉が中学校を卒業しましたが、中学校のＰＴＡに関わるのは初めてでした。

３月、まだ入学していない春休みから、顔合わせ、入学式に配布する資料の準備、第１回目の参観日の役員決めの準備、特に立候補がいないことを見越してくじ引きを作り、経験者、未経験者を名簿でチェック。くじを引く人数とくじ引きの数が合っているか等々を複数回チェックしました。「こんなに時間かけているけれど、生徒も保護者も誰も、やってもらったって喜ばない作業だよね」そんな文句をヒソヒソ言いながら中学校に何回か通いました。さらに気の毒なのは、平日に仕事を持ちながら頑張っている本部役員です。「○○さんの仕事が休みの日に合わせて集まりましょう！」と親切な会長が悪気のない提案をします。しかし○○さんにとっては「えーっ！そんな、仕事の次はＰＴＡって、勝手に優先順位を決められても…仕事休みの日だからこそやりたいこと、山ほどあるのに！」と内心の叫びを心に留めて。とにかく、総会までにやらないといけない作業量は決まっているので、休むと他の人に迷惑がかかります。皆、あれこれやりくりしながら新学期を迎えます。

(3) 立候補が学校中でゼロ!なんて、ＰＴＡの存在価値は無し?

そして新学期が始まり１週間ほどした頃。各学級のＰＴＡ役員を決める日がやってきました。まずは、クラス懇談会があり、新しく１年間お世話になる担任の先生からのお話です。お話を聞きながらも保護者はこのクラスに学級役員を免除される対象者が何人いるか、目だけをキョロキョロさせて人数を数えています。お話が終わるといよいよ「ＰＴＡのお時間」となります。担任の先生はそれとなく廊下に出て、「教師は役員決めには関係ありません」というオーラが放たれ、私たち役員が前に立ちます。みんな、無意識だろうけど厳しい視線をこちらに向け、まずは、形式的に立候補を募ります。皆さん無言で、前にいる役員と目が合えば困るから机の木目を見ています。私も昨年まではそうだったので気持ちは痛いほどわかります。みんなの心のつぶやきが聴こえてくるようでした。

「役員になれば、友だちが増えますよ、先生と話す機会が増えますよ。って毎年言われる。それは確かに魅力的だけど…」

「ひとつ間違えたら、というかこの先じゃんけんに負けたら、広報委員長になってしまうかもしれないし、選考委員長になるかもしれないし！」

　昨年度は選考委員の出席率が悪く、結局最後は選考委員長さんが１人であちこちに電話をかけていた事は、噂でみんな知っているようでした。

「立候補はいませんかぁ？誰もいないなら、くじを引いていただきます！」

「あぁ、でた！くじ引きのお箸だ！当たりを引いてしまったら、実家で働いている事にして断ろう」

　同じ保護者なのに、この敵と味方みたいな不穏な雰囲気は絶対によくありません。だいたい立候補が学校中でゼロ！なんて、ＰＴＡの存在価値が無しと言われているも同然なのに、くじを引いてもらう側にいる本部役員の私たちは〝嬉しがり〟みたいになって、本当に複雑な気持ちでした。

そんな気まずさを感じながらくじ引きが終了しました。１番から3番までが当たりくじです。なぜか欠席者の人がよく当たります。くじについては、以前小学校で担任の先生が欠席者の代わりに引いて、あとでボロクソに言われていたこともありましたが、その点、中学校は先生が一切関わらず、仕方なく役員が引くようになっていました。また、幼稚園の時は当たりくじをその場で確認しなかったから、当たりくじが消え、誰も当選しないという事件が起きていました。ですから、当たりの人数をみんなの前で確認し、ようやく解散です。

会議室に戻り、お互いに本部役員同士で無事に戻ってこられた事を喜びました。不思議なことに、冷たい視線にさらされた後だから役員同士の一体感は確実に高まります。そして最大のポイントになる、当たりくじの人に役員を引き受けてもらうための連絡作業です。（今は名簿を使って連絡するやり方はＮＧですが…）欠席した人はおそらくまだ仕事に行っているか、今日は電話に出ないと決めている可能性もあり、また、今日の夕飯に限り子ども連れで外食する作戦の人もいます。

中学校はとにかく今日中に決めるという方針です。だから「今日さえ乗り越えたら、勝ち！」って事も知れ渡っています。聞くところによると電話ではなく、当選お知らせ書類を書留で発送する学校もあるようです。私たちは前日に先輩役員さんから、「明日は帰りが遅くなるから子どもたちにはカレーを炊いてきたほうがええよ！携帯電話の充電は１００％で来てね」と言われました。子どもに留守番させて、夜の7時、８時まで学校にいるなんて異常だ！と私は思いました。

とにかく電話連絡です。すったもんだもあり、電話口で延々と辞退理由の壮絶な話を聞くこともあり、全ての役員が決まって学校を出たのは8時でした。「今年は優秀！早く帰れる！」との先輩方の安堵の声に、「来年は絶対にこんな事やりたくない！来年は役員を辞めようね」とぶつぶつ言いながら帰りました。

滅多にない夜のお留守番に子どもたちはなぜか高揚し仲良くしていたようです。「おかえり！」と迎えてくれる子どもたちに、人の嫌がる事をしてきたとは、とても言えませんでした。とりあえず、保護者も役員もXデーと思っている日が終わりました。

(4) 空席も目立ち、時間をかけた割にやり甲斐のないPTA総会

5月になりました。今日は、年に1回のPTA総会です。広い体育館のステージ前に本部役員がズラリと並び、席はたくさん準備されていますが、空席が目立ちました。

小学校で会長をしていた時は、総会は、今年度の決算をチェックし、予算案を知らせる事がその年のPTAの方向性を伝える貴重な場だと思っていました。例えば、学年レクリエーションを簡素化しその費用を減らすとか、浮いた費用で児童が不便だと感じている重い朝礼台やひな壇を買い替えたいとか。

しかし、実際には、年度変わりの3月4月は、春休みあり、参観日、懇談会、役員選考会あり、各学年保護者会、そして家庭訪問もあり。この上、「PTA総会まで仕事休んで行けるわけないやん」って感じで、総会が付録のようになっています。役員さんでさえ休みたいくらいに、ここ2か月の日程は混み

合っています。

事前に委任状のチェックをします。提出する側はさほど気にしていないのか、委任状に押印漏れが多く、数十人に個々に連絡して再度提出してもらいました。また、総会資料の読み合わせにも何度も集まりました。

当日の総会は、出席者が何人、委任状が何人分、と重々しくスタートしました。資料の読み合わせの練習もしたのに、皮肉なことに、練習に欠席した人がぶっつけ本番で読むことになり、当然、所々詰まってしまい、数字の桁も見間違えてしまいました。詰まったり間違えたりするのは仕方ないですが、それよりも初めて見てもわかるように、例えば、委託（イタク）と間違えがちな、委嘱（イショク）にフリガナを付けたり、金額の桁数をわかりやすく表記するなど、工夫が必要だと感じました。

そして淡々と議事は進み、来年度役員紹介。承認の拍手をもらい着席。特に質問もなく、あっという間に終了しました。一般会員席に座る近所の人の顔が見えました。とっさに「ちがうねん！どうしてもって頼まれてん」と言い訳したい衝動に陥ります。「ちがうねん、って何がどう違うんだろ？」と自分で自分にツッコミをいれながら「何だろ、とにかく役員大好き人間と思われたくない」このような言い訳したい気持ちが強く湧いてきました。そして「このたった何分かの総会の準備に、どれほど時間を費やしてきたことか…。子どもたちには何のためにもならず、空席も目立ち、保護者も興味を持たない、時間をかけた割にやり甲斐のない仕事だったなあ」という虚しさも感じました。

(5) 最高に緊張する専門委員長を決めるじゃんけん

ようやく学級役員が決まると次のステップ、全ＰＴＡ役員が集まるＰＴＡ役員総会が開かれました。役員を頼む時には「来れる時だけでいいから」と言っておきながら、この日に各専門委員長や学年委員長を決めるので「役員総会の日はぜひ来てほしい」と言わざるをえない矛盾を感じます。また、新学期になってから何回仕事を休んでもらったことやら…と罪悪感も感じながらの一日でした。

神戸市のほとんどの小・中学校ＰＴＡ組織は、広報・研修・育成・文化といった委員会があり、各学級から3〜4人選出されている学級役員がこれを兼ねることになっています。同じクラスの学級役員は各専門委員に分かれるため、クラスの役員で仲良く一緒に専門委員を選ぶ事もできません。ただでさえ、孤独と緊張の中、もし委員長になれば1年間、専門委員会の定例会を呼びかける側になり、どちらかというと本部入りしたようなものです。運良く普通の委員のまま留まることができたら、自分の都合によって〝出来る時にできる範囲で〟出席すれば済む側にまわり、まさに天国と地獄といったところです。

「専門委員長になってくれる方はいらっしゃいますか？」当然立候補はありません。そして今度はくじではなく、じゃんけんで決めます。人生の中で何度となくやってきたじゃんけんですが、おそらく最高に緊張した部類に入るでしょう。負けて委員長になってしまった人は、引き継ぎノートを渡され呆然とした表情。目もうっすら赤くなっているのがはっきりとうかがえます。

特に、この年は広報委員長にとても人見知りの引っ込み思案な友人が決まってしまいました。広報紙発行のあれこれから広報紙コンクールに応募するための条件まで前任者から引き継ぎ、ただただ呆然。「できるできる、これくらい誰でもできるから！」そう励まされていますが、きっと彼女は上の空で、そんな声は届かず、不安で今夜の夕飯が喉を通るのか心配になりました。この後、委員長さんはさっそく、名簿やライングループ作りに追われることになりました。こうなる可能性があるから、父親や保護者代わりの祖父母は役員をするのを本当に嫌がるのだろうと思いますし、ホントに出来ない人が役員に当たってしまったらどうなるんだろう、と思います。

「やりたくない人」と、「ホントに出来ない人」そこに線引きはできないだけに難しい問題です。

(6) 目の前の小さな工夫が改革の第一歩に

第1回目の運営委員会が終わったあと、各専門委員会は引き継ぎ書にある1年の活動ノルマを消化すべく動き出しました。広報委員は7月と2月の広報紙発行にむけて、研修委員は年２回の研修を限られた予算内でいかにたくさんの人に来てもらうか頭を悩ませながら、育成委員はトイレに花を飾る当番や外部の安全講習会や地区の青少年育成協議会の懇話会に参加する人を決めるといった具合です。どれも、内容を精査する以前に取り組むことが必須になっていて、それが子どものためになっていようがいまいが、とにかく決められた活動を始めなければなりません。

人見知りの広報委員長は、メンバーが全員仕事を持っていて集まれる日がない事に悩んでいました。強引に進めることができないからなおさらです。印刷業者との打ち合わせがある分、時間的に制約が多く本当に忙しい役割です。本多聞小学校ではすでにＰＴＡの広報紙を廃止し、ホームページに変えていたため、「無くてもいいもの」との考えが浸透しており、「えっ、今さらまた作るの?」といった感じでした。しかし他の小学校出身者は「必要でしょ！先生紹介は。趣味とか部活顧問とか書いてあって写真も付いてる。あの特集はいるでしょ！作らないと苦情くるかも」といった雰囲気でした。しかし、いくら急いでも完成は7月末です。先生の名前と顔を知りたいのは新学期が始まった今なのに。そこで、思いあまった委員長さんはどうしようかと福本教頭先生に恐る恐る相談しました。「かくかくしかじか…実は廃止したいけど保護者の反論は怖いし、でも作るには人手が足りないし…」

すると教頭先生は役員たちの気持ちをよく理解し、さらに、先生紹介の記事集めや写真集めの大変さもわかっておられました。そこで出てきた発言が、「じゃ、折衷案で先生紹介の記事だけを作り、業者に頼まずに学校で印刷しよう」でした。不慣れなメンバーに代わり、先生方の顔写真を全体写真から抜き取り、趣味とか部活の紹介も入れた記事を作ってくれました。その結果、手作りの広報紙が1学期の早い時期に出来上がり、配布することができました。（95ページに関連項目）

一般保護者の反応もよく、広報委員会は、今年度の広報紙はこの1回の発行にとどめ、代わりにタイムリーな話題をどんどんホームページで発信することになりました。例えば、日頃の学校生活、行事、総体前の選手の意気込みや吹奏楽部のコンクール等々。学校に来た役員がホームページをアップする材

本多聞
PTA広報委員会
平成25年7月発行
PTA運営委員会
広報委員会

手作りの広報紙

料をいつでも拾えるように、PTA専用に赤いかわいいデジカメを購入しました。文章が苦手な役員さんには、教頭先生がニュアンスを聞いてアドバイスするなど簡素化を後押ししてくださり、委員長の精神的な負担が軽くなったのは言うまでもありません。また、学校からの発信にもPTA活動や運営委員会の様子をこまめにアップしてくれるようになり、PTAの活動については例年よりはるかに発信量が増えました。広報紙を1回だけ、しかも手作りにした事により広報紙の制作予算をそのまま他に使えることも思いもよらぬ収穫でした。この一連の出来事は、小さな疑問や困り事を見逃さず、「改革」なんて大げさなことではなく、目の前のことを工夫するだけでそれまで当たり前に捉えていたことが変わり始めた、第一歩だったかもしれません。

(7) PTAは嫌われ者のピーマンではなく、美味しいイチゴになれるのだろうか?

一方、広報委員会の動きと並行し、本部も来年度にむけPTAを良くする必要性を感じ始めました。役員選出でもめるのはウンザリだし、もめて決めるなんてやり方は良いはずはないと本部の皆が思っていました。本部だけでなく、保護者も皆、そう思っているだろうし、だからこそPTA役員でいること自体に気恥ずかしさのようなものを感じるのだと思います。「PTAは任意だ」とか「退会できる」などの新聞記事も目につくようになりました。「そもそも強制的に私たちが入会させたのではないし、私たちだって立場としては素人のフツーの保護者だし」と、そんな世論の攻撃の対象になっている本部側にいるのも、嫌な不安な気持ちになるものです。テレビや新聞などでＰＴＡを取り上げる時に誤解されたくないのは、自分たちの欲やメリットで役員を引き受けた訳ではない、ということです。学校の先生に迷惑をかけないように、真面目に頑張っていたらこうなってしまった、というのが本当のところなのです。

私たち保護者は、特に母親は、子どもの友人関係、塾や習い事選び、反抗期真っ只中の我が子への関わり方に悩み、スマホに没頭する我が子にヤキモキし、これから必要となる多額の教育費への不安、親の健康、仕事と家事の両立、夫婦の倦怠期、自分の体調…など考え出したらキリがないくらい不安を抱えています。しかし子どもにとっては「お母さんは家庭の太陽で！」と理想像もあり、日々懸命に頑張っています。こんな頑張り屋のお母さんたちの気持ちをＰＴＡでの人間関係のいざこざで疲弊させるなんてとんでもないことです。私たちにはそんな暇も体力もありません。本部も保護者も、見えない何かに操られ働いている感じがします。

私たちはむしろ「選ぶことの出来ない公立中学に通わせる者同士で助け合い励まし合う仲間」や「いろいろ教えてくれる先輩と出会える場」がほしいのです。作業しながらや、会議の行き帰りに、お母さん同士で子どもの話、学校の話ができる事がＰＴＡの唯一の利点でした。例えば「この学年って優秀過ぎない？うちの子、いくら頑張っても成績上がらない気がする」「うちの子の悪い噂、聞かへん？なんか聞いたらすぐに教えてね」というふうにです。

とりあえず、例年通りの活動をしながら、改革について話し合うことには本部の誰も異論なく、話し合いが続けられました。その中で役員の選出方法について、区内のある中学や多くの高校でやっている〝入学式の日に3年分の役員を決めてしまう〟やり方はどうかという案が出ました。PTA活動が嫌なものと認めた上で、みんなが平等に負担することだけを第一に考えるやり方です。私としては、確かにクレームは減るかもしれませんが、この完全入れ替え制のやり方は2年継続で役員をする人がいなくなり、1年交代の役員任期だとPTA活動の成長曲線が期待できず、PTA活動が単なる労役になってしまうのではないかと強く危惧しました。ただ、現実的な視点に立つと、近隣にお手本があるので入学式一括選出案を支持する意見もあり、なかなか議論が進みませんでした。

「これが私たちの目指すPTAなんかな?」一括選出案を選べば根本的には何の改善にもならず、役員に当たった人はホントに嫌ならこれまでと同様に辞退のために医療機関の診断書を取るでしょう。断られた選考委員は補欠の人が受けてくれるまで何軒も電話をかけるでしょう。結果的にボランティア精神のある人がしかたなく引き受けて、委員長にもなってしまい、責任感でその年はやり切るけれど燃え尽きてしまうという現実を変えることはできないと思いました。結局、疲れ果て「役員は二度とごめん!」ってなるのだろうし、「やらない人はズルい!」って言わせてしまう嫌われ者のPTAはそのまま変わりません。

少しでも人より活動量が多いと「不公平」「ズルい!」と保護者を怒らせてしまうPTAは、「弟より一切れ多い」と大騒ぎする、うちの娘のお皿の上のピーマンと一緒だといつも思っていました。例えば、毎月の運営委員会で定期テストの問題を一題、来た人に教える事にすれば立候補者は倍増するでしょう。他の人には薦めず、自分が3年間そのオイシイとこを享受しようとする人もでるかもしれません。そう、子どものためになるのなら退屈な運営委員会も笑顔で乗り切るのが、私たち親のホンネです。

この事は、後に、福本教頭先生がきちんと言葉にしてくれました。「今の保護者は、我が子のために意味があると思えば、七五三に費用をかけて家族で神社に参るし写真も撮る。運動会も早朝から脚立を持ってベストポジションを確保するために並ぶ。成人式の送り迎えだってやっちゃう。きっと新婚旅行だって。我が子に関する事には、熱い思いも興味も持ち労力をかけることを惜しまない世代だ。子育てに冷めているわけでも無関心でも余裕がないわけでもない。ＰＴＡがそれに値する魅力がないから逃げるだけで、だからこそ、ＰＴＡが嫌われ者のピーマンではなく、みんなで奪いあう甘い美味しいイチゴになればうまくいく」って。

たしかに、外側が固くて虫のつかない、噛むと苦味もあり放っておいても長持ちするピーマンと、戦後70年、苦味もあるけど栄養もあるんだろうなーと続いてきたＰＴＡは、似ている気もします。甘いイチゴは虫もつくし、傷みやすい。丁寧に管理して手入れが必要です。ＰＴＡも手入れという活動の見直しを絶えずしながら役員や保護者の気持ちに添い、先生も保護者もしっかり関われば、みんなから好かれる美味しいイチゴになれるでしょう。

私たちはＰＴＡを美味しいイチゴにできるのでしょうか？

(8) 保護者が意見すると学校運営が収拾つかなくならないのかな？

すでに少なからず改革をしていた本多聞小学校出身の本部役員は、改革というより活動の見直しに対して「やったら喜ばれるし、やってしまおう」と、ほぼ同じ思いでしたが、正直、他の小学校出身の役員たちの真意はわかりませんでした。会長は、いつも「生徒大好き！子どもたちのためになるならやってみよう！」「今関さん、今までの経験あるし、みんなのためにどんどんアイディア出してね」と必要な交渉は素早く動いてくださり、全面的にウェルカムＯＫ！のチャレンジを恐れないスタンスです。いろいろ議論し迷っていた中で、ついに学校の考えを聞いてみよう、ということになりました。

当時、中学校の校長先生は、市・県・近畿地区の校長会の会長を務めておられてほとんど学校を不在にしており、福本教頭先生が校務のことをほとんど仕切っておられました。ＰＴＡとして、学校のさまざまなことについて、何を聞いてもきちんとした答えがほぼ返ってきました。教頭先生が前代未聞の働き者であることは、１学期間、学校に出入りしていれば十分にわかりました。先生方からの信頼も大きいことがわかりました。とにかく忙しそうなのでゆっくり話をする機会はありませんでしたが、ホテルで行われた区のＰＴＡ協議会の総会中に、「これ、もっと簡素化できる」ってチラッと言われたり、会長会についても「校長先生と会長が揃うわりに行事報告しかしない形式的な会だ」と残念がっておられました。何より広報紙の件では、簡素化に協力し、結局ご自分が一番作業量が増えたのに、嫌な顔もしないで手伝ってくださいました。この教頭先生なら絶対にＰＴＡの課題や苦悩は理解してくれるだろうと思いました。

小学校のＰＴＡでは怖いもの知らずで、愚痴るより変えた方が早いとあれこれいきなり活動を削減してきましたが、今回はいくら会長が改革関連は任せてくれているとはいえ、副会長の立場だし、同じ学年には小学校の会長経験者が２人もいるので、正論を言っているつもりでも、過去の関係者の活動の否定につながりかねません。それを思うと躊躇してしまうこともありました。まあ福本教頭先生から難色を示されたらあっさり理想のＰＴＡは忘れればいいや、くらいの心境で臨みました。

そして、こんな大事なポイントになる言葉を思い出せないのは情けないですが、ＰＴＡについて、どう切り出したか記憶にありません。それぐらいレスポンスが早く、私が長々と思いを伝える前に、福本教頭先生は全てを理解しており、ＰＴＡの抱えるさまざまな問題点を指摘してくださいました。すでに答えを用意していたかのように、会議室のホワイトボードに理想のＰＴＡ組織図を書いたのには驚きました。私がこだわる役員決めの理不尽さや、生徒にとってはメリットのない、やってもやらなくてもいいような内容の活動の多さを問題に感じておられるのはもちろんですが、それ以上にＰＴＡ組織や運営委員会の形、学年委員会の重要性にこだわりを持っておられました。

まるで、どこかの学校で実践されてきたかのようでした。そして、その中でも特に強調されたのが運営委員会の在り方でした。

「役員たちが直接、校長先生と話をしたり、返事をもらう場にしたい」

「そのことにより何かを感じて学校運営に参加してほしい」

教頭先生は「保護者と本音のやり取りをすることが学校運営の基本になる」と言われました。今までＰＴＡ運営委員会で報告される内容は、報告された時にはすでに決定済み。職員会議で決まった後での報告が主でした。意見を聞かれることもありましたが「単なるガス抜きかな？」と思うこともありました。ですから保護者と本音のやりとりが学校運営の基本になると言われても、スケールの大きすぎる話で、「保護者の意見はどうしても利己的になるのに、その意見が学校運営に役に立つのかな？収拾つかなくならないのかな？」と福本教頭先生のかかげるＰＴＡ像の良さをまだ想像し難く、よくわかりませんでした。（94ページに関連項目）

新しいPTAの形

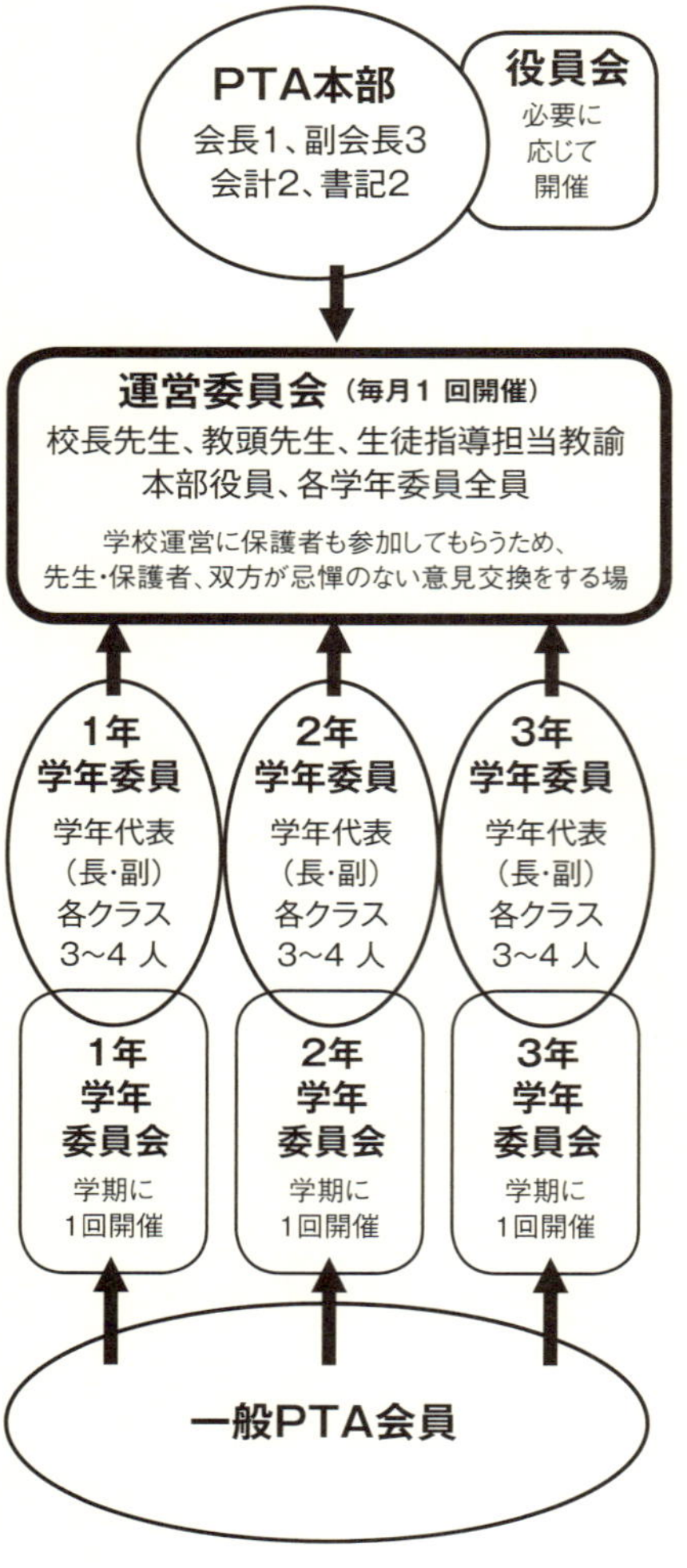

第2章　ＰＴＡ改革の始まり

(1) PTA役員に選出されたとして、必要だと感じないものに「×」を付けてください

どちらにしろ、今のＰＴＡには問題点があり、保護者に受け入れられていないことは、学校もＰＴＡ本部も認識が一致しており、保護者へアンケートという形で意識調査をすることにしました。アンケートの結果をみて検討しようといいながらも、私は密かにアンケートをとることで保護者の意識がＰＴＡに向いた間に、ＰＴＡを保護者に広く受け入れられる形に変えたいと考えていました。会長、本部役員メンバーも改革の必要性を感じ、加えて教頭先生は新たなＰＴＡの理想の形を持っておられるのがわかり、チャンスだと感じていたのです。

よくあるパターンとして、何か思い切った事をしようと提案し校長先生に相談すると、話は聞いてくださいますが、最後には「(皆さんはいろいろ考えてくれるけど失敗したら責任を取らないといけないのはこの私。だから敢えて今やらずに)もう少し様子をみましょう」と言われ、ガクッ！ってなるのですが、今、目の前にいる校長先生代わりの福本教頭先生は「何かあったら自分が責任とるから、皆さん

は守りに入らず全力で思う事にチャレンジしてみてください！」と言ってくださいました。やはり前代未聞、超レアな先生なのです。このタイミングでやらずにいつやるの？って思いでした。

役員選出に見られるＰＴＡに対する否定的な保護者の行動。役員になったらなったで、しっかり前例踏襲しなければ学校も困るのではないかという懸念で、立ち止まり仕事を見直す事のできない現実。「ＰＴＡの活動を削減すれば先生がお忙しくなり申し訳ない」って改善に二の足をふむ場面を何度かみてきましたが、ＰＴＡ活動に直接関わることのない一般の先生方は、いつも学校に来ているＰＴＡ役員に対し「いつもありがとうございまーす。助かりまーす」と言ってくださるものの、少し話すと「ホントに熱心ですよねー。偉いですよねー。うちの嫁さんは、仕事持ってるからこんなの無理だなあ」って、嫁が役員に当たればたまらない感ありありです。毎日学校現場でＰＴＡの活動をみておられる先生がそう言うのです。「ＰＴＡはなくてはならない存在だからうちの嫁さんもぜひやらなきゃな！」じゃないんです。同じ保護者同士がやる側とやらない側に分かれ、学校のために！子どもたちのために！なんて言いあっていてもＰＴＡってそんなものなのです。

とにかく、その時の本多聞中学は、ＰＴＡを改善するための機は充分に熟していました。一方世間では「ＰＴＡは任意の団体なのか」って声がチラホラ出ていました。やりがいのない、興味のない活動を削減しない事には、今後ＰＴＡの存在自体が危ぶまれます。教頭先生の言われた「保護者と先生方が生徒を中心に据え、意見を述べ合い学校運営に参加する」という理想の形のＰＴＡを逃しては、大げさですが末代までの損失だ！とも思いました。そんなＰＴＡがこの学校で実現できれば、保護者は喜ぶでしょう。もはや、やらない理由がない、と思いつつ、私たちの気持ちの盛り上がりだけで進めるわけではない事の確認、指針作り、背中を押してもらうためのアンケートでした。

大きな改革を伴うものなので、一部の意見だけで保護者の総意とせず、できるだけ保護者の回答率を高めるように工夫することになりました。ここで、教頭先生のアドバイスがあり、学期末の個人懇談会ならほぼ全員の保護者が来校するのでその時を利用して実施しました。学校の構造上、出入り口は１か所なので、ここにアンケートをおきその場で回答してもらったのです。

質問は、「あなたがＰＴＡ役員に選出されたとして必要だと思う活動に「○」を、どちらでもよいものに「△」を、必要だと感じないものに「×」を付けてください」です。このような質問内容にしたのは、もし自分が役員をしないなら、あれもあったほうがよい、これも必要と理想論になってしまうので、そのような無責任なことは避けたかったからです。実際に自分がやるとなるとどうなのか。みんながやりたくなるＰＴＡにするには、保護者の多くが「意味がない」と思う活動を洗い出し廃止すればよいと思っていたからです。

回答しやすいように活動を全て書きだし、○△×を記入するだけにし、言いたいことのある人のために自由記述欄を設けました。回収の結果、「研修会の企画運営」「ＰＴＡ協議会から依頼される講演会の動員」「広報紙作成」などに、半分以上の人が×を入れました。

自由記述欄をまとめると、

「研修会は特定の人しか参加していない」

「講演会の内容に興味を持てない」

「広報紙はほとんど読まない」

「自分の仕事の有給は、学校行事もありPTAにまで回せない」

などの意見が多数を占めました。結果を元に、本部で何度も話し合い、アンケートで×が多数付いたものを来年度はやめる方向で準備していくことになりました。抽象論で進めるよりも、数字が出たことは大きな原動力になりました。（98ページに関連項目）

⑵ 教員との懇親会や専門委員会を思い切って廃止！

2学期中に来年度の方針を決める前提で、9月からアンケート分析と今後の方向性を話し合いました。基本的には次の3つの視点です。

「活動は誰のためのものか？」

「子どもにすぐ反映される活動か？」

「他にもっと簡素化する方法はないか？」

この3点に焦点を当て活動の削減に取り組みました。このように合理的に考えて多くの行事を減らしていくと、もうPTA自体がなくなっても支障のないような雰囲気に陥りがちです。でも、それでは福本教頭先生が目指すPTAの理想の形と大きく違ってくるので、改革の方向性は「PTAをなくす」で

ＰＴＡ活動内容についての意識調査（アンケート）

※玄関の提出箱にお入れください

保護者の皆様
日頃はＰＴＡ活動にご理解・ご協力をいただき感謝申し上げます。
さて、本部では、ＰＴＡ活動について、時代に即したものへの見直しを前提に皆様方から意識調査を実施することになりました。以下の設問に答えてください。　（ＰＴＡ会長　　　　）

★あなたがＰＴＡ役員に選出されたとして、必要だと思う活動に「○」を
どちらでもよいものに「△」、必要だと感じないものに「×」を付けてください

１、トライやるウイーク推進委員会（　　）　２．ベルマーク活動（　　）
３・夏祭り出店（　　）　４．夏祭りパ補導トロール（　　）
５．文化発表会　展示見守り（　　）　６．文化発表会受付（　　）
７．体育会受付（　　）　８．学校公開デイ　受付（　　）９．花一輪運動（　　）
10．教委主催動員（　　）　11．Ｐ連主催　動員（　　）
12．Ｐ夏季研修（　　）　13．Ｐ冬季研修　14．広報誌（　　）
15．長期休業前パトロール（　　）

★回答しながら感じたことをご自由にお書きください

★その他ＰＴＡ活動についてご意見があればご自由にお書き下さい

ＰＴＡ活動についてのアンケート用紙

はありませんでした。

正直に言えば今までやってきた活動を削減する事は、かなりの勇気を必要としました。何よりＯＢの人や地域との兼ね合いを考えると気も引けました。でも、全ては明るい役員決めのため、実質的なＰＴＡ活動のためでした。「子どもたちのため」と謳いながら、効率の悪いやりがいのない活動を毎年こなしている悪循環をどこかで断ち切らないと前に進みません。そこは十分に覚悟しました。

また、教頭先生が学校の立場からもＰＴＡ改革に関してぶれることなく、周囲の体裁も気にせず協力してくれたことは最大の支援でした。当然、学校関係の活動も削減していきました。教員との懇親会などの費用はＰＴＡ会費から賄われている点もあり、子どもに直接有益か？という視点から、早々に廃止を決断しました。のちに、同じ根拠で区の中学校の懇親会も回数を減らしてもらいました。

そして、削減を検討していく中で、専門委員会自体の廃止を検討しました。アンケートを基に活動の仕分けについて、さらに詳しく分析しました。その結果から、保護者からみて何が嫌がられているかということをまとめました。

1　保護者はＰＴＡ活動に参加することに、単に忙しいから嫌というだけでなく、活動に意味が見出せない、意義を感じない。

2　引き受ける時はやれることだけでいいと言いながらも、無尽蔵に続く活動の負担を警戒している。

3　自分が休むと誰かが代わりにそれをするという申し訳なさ。
4　役員になったらなったでそれなりの利点もあり、1年だけなら不満がありながらも頑張ればできると思っている人が大半。

具体的に突き詰めると、保護者は専門委員会の活動そのものに価値を見出せなくなっていました。

1　研修委員会があり予算があるから、研修会が年に2回企画されているが、内容はヨガやフラワーアレンジメント教室。フタを開けると参加者は身内の役員が10人ほど。友だちが役員になると必ず誘われる現実。

2　育成委員会があるから、夏休みのまだ暑い夕方4時からのパトロール。12月の終業式の日もパトロール。今の子どもは、暑い昼間も寒い冬の夕暮れもたむろなんてしていません。まるで育成委員会を存続するための活動になっており、保護者が集まって雑談するだけになってしまう。

3　広報委員会の広報紙については、携帯電話、スマホが急激に普及したことにより、連絡手段はＳＮＳの利用が主になっている。年末に9月の体育会の記事を載せる広報紙より、ホームページでタイムリーに情報を流せば十分なことが改めてわかった。学校側からの情報発信がまめにアップされているので、それで足りているとの認識がほとんど。

このような分析を経て、専門委員会を廃止することが決まったのです。多くの保護者の率直な意見を集約したアンケートは、改革を進めるのにとても有効なツールとなりました。

(3) 新PTAは保護者ならではの情報収集力で、お互いの盲点を情報共有

たくさんの活動を廃止しましたが、PTAは学校行事の運営を先生方と一緒に担う歯車でもあります。当然、人手が必要な行事の受付やお手伝いは残しました。そのために、1年間の予定を年度当初に発表し、○月○日参観日、受付に○人必要、○月○日体育会、開会式の始まるまでの40分だけ、など細かく明示しエントリーシートとして一覧にし、学級役員は、1年間で2回を目安に活動にエントリーしてもらうことにしました。

年度初めに日程や内容がわかっていれば、フルタイム勤務の保護者も何ら問題なく登録してくれましたし、事実上この2回の活動をこなせば役員の役目を果たした事にしました。そのおかげで、今まで役員をすることのなかった、看護師さんや学校の先生など、忙しい保護者が抵抗なく立候補してくれるようになり、役員の厚みが増しました。

どうしても忙しい人のために、朝の挨拶運動20分を入れました。挨拶運動が大事かどうかというよりは、1年に2回、朝の20分だけ学校に来てくれたら、役員の役目を全うしたことになるよ！というための挨拶運動です。そこまで役員の活動の敷居をさげてでも、役員を経験してほしいと思っていました。

では、半分以上の活動を廃止し、学級役員は他には何をすればよいか？子どものための活動って何が

☆平成27年度　PTA学級委員　エントリー用紙

※希望される(可能な)欄に「○」を記入して下さい。その中から2～3カ所を割り当てます。
※できれば「○」を多く記入していただければ割当がスムーズになりますのでよろしくお願いします
※決定しましたら、詳しい内容を含めて案内をお渡しします

①あいさつ運動　8:05～8:25　※急遽変更等がある場合は連絡します。担当学年に関係なくご参加ください

5月(担当は1年)	6月(担当は3年)	7月(担当は2年)	9月(担当は1年)	10月(担当は3年)	11月(担当は2年)
5月10日	6月3日	7月1日	9月2日	10月4日	11月1日
・5月13日	6月7日	7月5日	9月6日	10月7日	11月4日
5月17日	6月10日	7月8日	9月9日	10月11日	11月8日
5月20日	6月14日	7月12日	9月13日	10月14日	11月11日
5月24日	6月17日	7月15日	9月16日	10月18日	11月15日
5月27日	6月21日	7月19日	9月23日	10月21日	11月18日
5月31日	6月24日		9月27日	10月25日	11月22日
	6月28日		9月30日	10月28日	11月25日
					11月29日

12月(担当は1年)	1月(担当は3年)	2月(担当は2年)	3月(担当は1年)
12月2日	1月13日	2月3日	3月3日
12月6日	1月17日	2月7日	3月7日
12月9日	1月20日	2月10日	3月14日
12月13日	1月24日	2月14日	3月17日
12月16日	1月27日	2月17日	3月21日
12月20日	1月31日	2月21日	
		2月24日	
		2月28日	

②行事受付

9月17日		体育会
9月27日		オープンスクールAM
9月27日		オープンスクールPM
9月28日		オープンスクールAM
9月28日		オープンスクールPM
9月29日		オープンスクールAM
9月29日		オープンスクールPM
10月22日		文化祭

※開始30分程度。ご自身の見学も兼ねて下さい

③本多聞青少協

5月13日	総会19:00～	
7月8日	定例会19:00～	
7月23日	夏まつり手伝い	
8月6日	飯盒炊爨＆映画会	
10月14日	定例会19:00～	
12月9日	定例会19:00～	
1月15日	たこあげ＆もちつき	
2月10日	定例会19:00～	
地域パトロール毎月第3水曜14:30～		

④パトロール＆地域行事手伝い

7月21日		パトロール(学校主催)
7月18日		本多聞夏祭り
7月18日		多聞南夏祭り
12月6日		本多聞たこあげ

⑤ふれあい懇話会出席(学校)日程未定

7月　日	
2月　日	

※2時間程度の会議出席です。

⑥炊き出し

1月16日		前日準備14～　2時間
1月17日		当日手伝い9～3時間
1月17日		当日手伝い12～2時間

※できれば、この活動をお手伝いください。

⑦ベルマーク集計

1学期	
2学期	

※長期休暇中にゆっくりと自宅で+集計をしていただきます。

年　　組　生徒名(　　　　　　　　　　)、保護者名(　　　　　　　　　　)

※上記以外に任意ですが、学級委員として情報交換や先生方との意見交換の場として
・学期に1回の学年委員会(年3回)　日程は未定です。
学年のPTA学級委員と教員が、子どもたちや学校の状況について話し合います。
・月に1回のPTA運営委員会(年9回、原則第2火曜日の13:30～)
PTA本部、学年(副)代表、校長、教頭、生徒指導担当教員が出席して、行事や学校の様子について話し合います。この場で話し合われた内容が学校運営に大きく反映されます。

これらの会議についても、可能であれば(必要があれば)ぜひ、出席して下さい。

※委員が決定した後、提出していただきます

締切　4月15日(金)　担任の先生へ

ＰＴＡ学級委員のエントリー用紙

ある？目に見える活動が減り、いっそPTA自体をなくしてしまうのはどうかという極論も出て、私たちは時にさまざまな不安を抱えることにもなりました。しかしPTA役員には、先生にはできない大きな役目がありました。それは、教頭先生が当初から唱えていた情報を共有するための活動です。保護者は、学校では集めきれない、拾いきれない、埋もれてしまうような情報を、子どもを通じて知り得る立場にいます。それらを集めて学校に伝達することで学校運営に大きく寄与し、同時に学校からそれらの情報に対する考えや対応を聞き、他の保護者や地域に発信する、という意義のある活動だったのです。

例えば、「〇〇部の顧問の指導は一部の生徒から理不尽過ぎると言われ、顧問と部員の意思の疎通ができていないようだ」「〇〇部は学校を出てから顧問の先生の知らない別のミーティングがあり、1年生が怖がっている」「あの店はタバコをバラ売りしていて、買いに来ている中学生を見た」等々、このような子どもを通じて親なら誰でも知っている情報を、意外に学校は知らないことが多いのです。また、逆のパターンとしては、「うちの学校はネット配信に力を入れている」「授業の内容を深めるためにタブレットが全教室に配備されている」「警報時の登校パターンを先生方が細かくシュミレーションしてくれているらしい」等々です。

普段なら知らないまま済ますようなことも含め、学校の生の姿を知り、それを役員以外の保護者に情報として流すことで、学校がより身近なものになります。センセーショナルなことは話題になりますが、地道な良い面などは、なかなか保護者に伝わりません。もし、保護者が知れば素直に先生方の心意気に感謝しその配慮に答えようと思うようになります。自分の子を中心とした同心円的に周辺の保護者数人に情報を伝えれば、ＳＮＳの時代ですから瞬く間に皆が知るところとなります。それぞれにアンテナを高く立て、学校と一般保護者とのパイプ役、スピーカーとなること、それが私たち役員にしか出来ない大切な役目でした。

(4) PTA、こうなります！

組織見直しが進む中で、新体制のスタートとなる来年度を見越して、学級役員は可能な限り立候補者で臨みたいと考えました。そのための準備も同時に進めていきました。

２学期は、学校にとって、体育会、文化祭等の大きな行事があり、その都度ＰＴＡも何らかの役割を果たしています。改革案が当初の予定よりも大きな規模になり、来年度の本格実施に向けて、どれだけ多くの保護者にその内容を知ってもらうかがポイントになってきました。そこで作成したのが、「ＰＴＡ、こう変わります！」という保護者向けの案内です。その目玉は、次の２点です。

１　専門委員を各学年委員会に統合する。横のつながりを重視し活動を学年単位にする。

２　年度初めに活動内容を知らせ、その中から２つくらいエントリーしてもらう。

そして１月には新１年生保護者対象の入学説明会で、来年度からのＰＴＡの新体制の狙いをお知らせしました。２月の小学校の運営委員会には役員が出向き、来年度の新体制のお知らせとＰＴＡ役員立候補のお誘いをしました。ついでに中学校生活への質問も、６年生の保護者から受けてきました。

26年度 PTA こうなります！

今回のPTA学級委員選出の参考にしてください！！

①保護者間や先生方との情報交換や情報伝達を盛んにします。

活動の中心を各学年委員会とします。そして、その場をベースに保護者間や先生方との情報交換や情報伝達を盛んにし、身近で今日的な課題に対して、タイムリーに対応できるようにします。このため、従来の専門委員会（広報、健全育成、研修）を各学年委員会に統合し、その活動も学年単位になります。　まず1学期の学年委員会時期を決める・

②活動内容を明確かつ簡素化し、負担を軽減することで、、より多くの保護者にご参加いただけるようにします。

ＰＴＡ学級委員としての活動内容を年間単位で年度の初めにお知らせします。その中から参加可能なものを選択して活動していただきます。（年に２回程度）　これによって多忙な方でも調整することで委員活動に関わっていただけるようにします。

③具体的組織

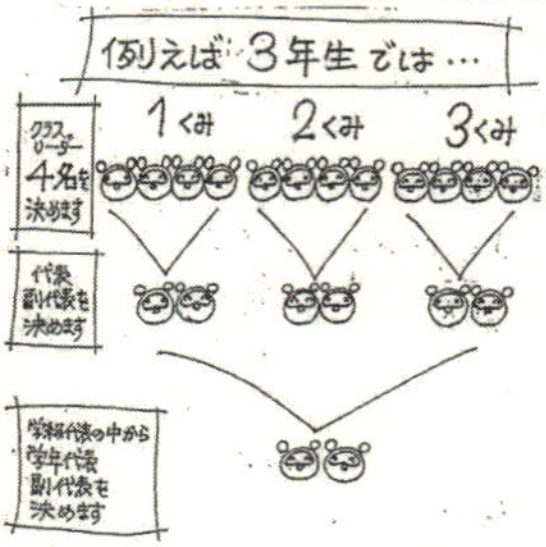

①１学級４名とします。（３名から１名増員ですが１人あたりの負担を減らします）

②クラス４名の委員の中から、学級代表、副代表を選出し、運営委員会に出席します。

③各学級代表から学年代表、副代表を選出し学年委員会の運営を担当します。

④クラス委員は年間２～３回程度、割り当ての仕事を担当し、学期に１回の学年委員会に出席します。（都合がつく場合でＯＫです）

⑤選出

あくまでも**立候補を優先**しますが定員を満たさない場合はくじ引きで決定します。

※くじ引きの場合は委員未経験者より実施します。

※くじ引きは複数の子が在学している場合は上の学年で引いていただきます。

お友達どうしで立候補し、一緒に活動できます！
学校行事予定表を見ながら参加できそうな活動を選ぶことができます！
学期に1度の学年委員会で保護者の皆さんや先生方と情報交換ができます！

※辞退理由は「本部役員の経験済み（２年程度）」のみとします。

※委員経験は、辞退理由にはなりませんが、くじ引きの際に経験年数に応じて優遇されます。（卒業後も有効となります）

今回は大きな改革がありました。できるだけ立候補で定員が埋まりますようよろしくお願いします。

PTA改革のお知らせプリント

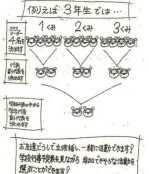

カバン、お弁当、給食等、中学校入学に対し保護者が心配している内容がわかり、中学校に伝えました。中学校は伝えればすぐに次回の説明会で補足するなり、小学校の校長に伝えるなりの対応してくれるため、小学校の保護者も安心です。「打てば響く！」というより「響くから打つ！」ＰＴＡ運営委員会の、プレ体験みたいなものです。

そして、ＰＴＡを良くしようと仕組みを変えたからには、来年度は「くじ引き無しの全員立候補」で役員を決め、仕組みを変えた事のメリットを本部役員にも保護者にも実感として感じてもらいたいと思いました。あの下を向いて机の木目を見つめなきゃならない忌まわしい役員決めが改善されれば、本部役員の負担はかなり減り今後本部を受けてもらうハードルが低くなります。例え、立候補が何人かいたとしても結局くじ引きをするなら、本部の負担は変わりません。間違えないように免除者のチェックからくじ引きのお箸の数のチェックまで…。（あの、誰も喜ばない作業。15ページ参照）もし運悪く、くじ引きで決まった人が嫌々引き受けたような人ばかりで実際には活動に出てくれなかったら、逆に立候補をしてくれた人に負担がかかります。結果的にはこの先何年も立候補で役員が決まることになりましたが、「信頼して立候補してくれた人を失望させてはいけない」との思いはありました。

くじ引きなら、不平不満が出ても「ま、くじで当たったからね」と割り切れますが、私たちの言葉を信じ立候補してくれた人に「なんか、期待ハズレ…」と思わせるのは申し訳なくて、その分「役員になって楽しかった」と思ってもらえるように、今みんながどんな気持ちでいるかに敏感になります。

本多聞小学校のＰＴＡはすでに立候補で役員が決まるようになっていましたが、中学校ＰＴＡの定員は多く、その全てをまさか全員本多聞小出身メンバーで固めるわけにもいきません。多くの保護者にPTAに目をむけ、自分の事として向き合ってもらう必要がありました。

ただ、PTA役員になる事は今後中学生活を送る上で、知り合いも増え客観的に我が子を見ることができるなど、さまざまな立場の保護者のためになると本気で思っていたので、役員に誘う事に何の躊躇もありません。勧める側としては、わかりやすく言えば、「あの店で今日は安売りしてるよ！ぜひ行ってみて！」と知らせる時と同じ心境です。

まず多くの人と、理想のPTAや理想の学校のイメージを共有しました。そして自分たちがPTA役員に立候補する事で、その理想の学校やPTAの形が具体化すること。自分が加わることが手っ取り早く良くなる第一歩だと気がついてもらい、ヤル気になってもらう必要がありました。4月の立候補締切日まで、たくさんの人と今の中学に対する思いや悩み、PTAについての話をしました。そうすると、先生方が何を考えているかわからないが故の疑いの気持ちがある事が浮き彫りになります。解消するのは簡単です。まずは気軽にPTA活動しよう！学校に来る機会（理由）を作ろうと呼びかけたのです。

「年に2回割り振られた活動をして、行ける時に運営委員会に参加したらいいだけ？本当にそれだけならええよ」

「きっと息子は何も話さないから学校の事はわからへんしね。上の子の時も学校の様子は何もわからず、小学校の違う親は顔も知らないままだった。それでも困らなかったけどね。でもやってみよかな」

「参観も誰も来ないから来るなと言われるし、見たことないんよ。見たからって、どうしようもないけ

平成 26 年３月 24 日

１，２年生保護者様

神戸市立本多聞中学校
ＰＴＡ会長
校　長

ＰＴＡ組織改編のお知らせ

早春の候、保護者の皆様にはますますご健勝のこととお慶び申し上げます。日頃は、ＰＡＴ活動にご協力いただきありがとうございます。

さて、ＰＴＡでは、活動の活性化のために役員組織や取組内容について大幅な見直しを進めております。正式な決定は４月末のＰＴＡ総会になりますが、26 年度ＰＴＡ役員選出がその前になりますので、概略をお知らせいたします。

主な改善点

①委員としての活動内容を年間単位で年度の初めにお知らせします。その中から参加可能なものを選択して活動していただきます。（年に２回程度）　これによって多忙な方でも調整することで委員活動に関わっていただけるようにします。

②活動の中心を各学年委員会とします。そして、その場をベースに保護者間や先生方との情報交換や情報伝達を盛んにし、身近で今日的な課題に対して、タイムリーに対応できるようにします。このため、従来の専門委員会（広報、健全育成、研修）を各学年委員会に統合し、その活動も学年単位になります。

クラス委員について

①１学級４名とします。（３名から１名増員ですが、１人あたりの負担を減らします）

②クラス４名の委員の中から、学級代表、副代表を選出し、輪番で運営委員会に出席します。

③各学級代表から学年代表、副代表を選出し、学年委員会の運営を担当します。

④クラス委員は学期に１回の学年委員会に出席します。

⑤選出

・立候補を優先し、くじ引きで決定します。（くじ引きの場合は委員未経験者より実施）

・くじ引きは複数の子が在学している場合は上の学年で引いていただきます。

・辞退理由は「本部役員の経験済み（２年程度）」のみとします。

・委員経験は、辞退理由にはなりませんが、くじ引きの際に経験年数に応じて優遇されます。（卒業後も有効）

⑥立候補の受付は４／９～４／１８　です。詳細は４月８日に配布しますが、春休み中にぜひご検討下さい。

組織改編お知らせのプリント

ど気になるよね」

そして立候補を決めた人は、「くじ引きをするあの嫌な日がなくなるなんて素敵やね！」って面白がり、役員になりそうな人に話をしてくれたり紹介してくれました。

いよいよ4月、職員の異動が発表され福本先生は校長になりました。定員まで立候補者あと数名になった時には、福本校長先生がホームページで役員募集をしてくださり、締切日を何日か延長しました。その結果、新1年生から3年生までの役員が事前の立候補で決まりました。

もちろん、くじ引きのお箸の用意はしなくて済みましたし、当日の役員選考に使っていた時間はクラスの自己紹介など有意義な時間に使えました。担任の先生が話されている間も、保護者間には戦闘態勢の雰囲気はもはやありません。そして第1回目の委員総会（あの、役員になった人が集まる日、じゃんけんで専門委員長を決める日。20ページ参照）は嫌々来る人のない前向きな明るい会になりました。1年前の重苦しい雰囲気が全くなかったことに、本部役員みんなで感動しました。

(5) 敢えて引き継ぎ書を作らない

私たちのPTAは常に「前例踏襲を良しとせず、活動の見直しというお手入れを毎年することが大切」との意識を後に続く人にも伝えたいと思いました。特に中学は在学期間が3年と短くて経験に基づく反省から何かを変えようとするには時間がなさすぎるため、お手入れをすること事が大切だと感じていたからです。

ただ、「前例踏襲しないでいいよ、活動が必要かどうか見直してね」と言われる事さえも初めて取り組む人には負担かもしれないので、毎年学校の行事のお手伝い以外は「活動は決まっていない」、「やりたい事があればその時のメンバーで自由に決める」という願いをこめて引き継ぎ書は無しにしました。ゼロから好きなようにスタートです。

「この年はアンケートをしているから、私たちもしたほうがいいかな？」なんて前年度のアンケートを見るとやらないといけないような気持ちになるのを避けたかったし、学校行事のお手伝いと運営委員会だけの活動でも十分だとも思っていたからです。

資料も会計に関するもの以外は総会が終わると廃棄しました。会計は引き継ぎ書がなければ逆に不便なこともあり、大まかな流れの引き継ぎ書は残しましたが、細かい枠組みを決めてしまい予算があるから無理して活動する形にはならないように気をつけてもらいました。

見直しの話ついでに紹介しますが、ゆっくりお茶を飲みながら打ち合わせをするから会議が長くなるし、以前は会議にお茶を入れるために早く来て電気ポットにお湯の準備する係もあったため、お湯呑みも処分しお茶をなくしました。会議費も1年目は念のため1万円だけ予備でおきました。「喉が乾かないうちに会議は終わらせよう」との目標で。その頃からマイ水筒がブームとなり水筒持参の方も多く、会議のためのお茶やコーヒーを購入することはやめました。そして翌年には会議費は０円にする予定でした。

しかし、学年懇談会という、学期に一度、学年団の先生と役員の座談会時に困った事が起こりました。お互い緊張もあり最初の挨拶や近況報告のあとに沈黙が続くのです。シーン…と、先生も保護者も手はお膝の上。背筋まっすぐ。保護者の前で何話そう?先生が緊張したらこっちも緊張する、っていう状況です。昔のドラマならここで、タバコを一服燻らせながら一息ついて誰かが口火を切り話が展開するような場面です。マズイ!タバコの代わりにお茶が必要だと感じました。文字通り一服するためのお茶。でも一服もペットボトルにしましたが。その反省から2学期からは、美味しそうな季節限定焼き菓子や、コラーゲン入りジュースなど、それをネタに話が進みそうなものを用意しました。念のための会議費で。

それも今はどうなっているでしょう。何しろ、「学年委員会をやる」以外には引き継ぎ書がないため、その時々の準備してくれる方の良いと思われる方法でなされていると思います。

何でもかんでも、跡を残さないよう捨てていたため、本書を執筆するにあたり、当時の資料探しには苦労しました。

(6) 選考委員も廃止し、本部役員が兼任

専門委員会をなくした狙いには、それにより専門委員長になる可能性がないことで役員になりたくな

い要因を減らすことにもありました。でも立候補する側にとって、まだまだ安心するには大きな鬼門がありました。それは、選考委員及び選考委員長になってしまうかもしれないことです。

私たちの学校では秋に本部役員にふさわしい人を全会員から自薦他薦問わず推薦してもらいます。そしてその中から会長、副会長、書記、会計を受けてくださるように、選考委員がお願いにまわります。電話、お宅訪問…これがまた大変な仕事のため役員自体が敬遠されているのです。

知らない人、しかも子どもの学校繋がりの保護者という絶対に嫌な印象を残したくない相手に電話をかけ、名前を名乗るだけでも勇気がいるのに、内容が「ＰＴＡ会長を引き受けてください」なのです。

その上「推薦がたくさんあったから」としか言えず、どれくらいの票が入ったのかは言えない、並行して副会長には誰に当たっているかも言えない、なにしろ秘密だらけのミッションなのです。さらに、活動内容を聞かれても自分が経験したわけじゃないから何とも答えられず…。「自分がやってないくせに、よく人を誘うわ！自分がやればいいやん！」などと言われます。

だからなのか、元々選考委員は本部役員にはなれないというルールもありました。逆の立場で考えたら、「推薦書に名前を書かれたなんて嫌われてる？誰が書いたんよー」と冗談抜きでナーバスになってしまいます。選考委員さんの苦労もわかるけれど、そこで「ハイ」と引き受ける気にはならず、どうこの状況をお断りしようかと考えます。

これまでの会長経験者にきくと、選考委員に声をかけられた時点で引き受けた人はほぼいません。受けてもらえるのは会長が直接声をかけ自分も手伝うからと誘ったり、会計が会計候補の方に活動内容を話しながらお願いしたようなパターンです。選考委員の気持ちになれば「あれだけ無理と断ったのに、会長が交渉してくれたら受けてくれるなら最初から会長がでてくれたらスムーズにいくのに」というモヤモヤ感はどうしても拭えません。そのような経緯で従来の本部未経験者によるじゃんけんに負けて引き受ける選考委員会を廃止し、本部がその役目を中心的に兼ねることにしました。選考委員長は会長です。

10月から運営委員会で役員さんに立候補を呼びかけながら、立候補の状況も話します。会長が続投されるときは、先に公表します。何となく知り合いが知り合いをよびます。暗黙のうちに同じ学年だけで固まると翌年度に困るので学年をばらけさせ、小学校のＰＴＡ経験者が手始めに声をかけられます。会長は自分のしてきた活動内容だからいくらでも説明できます。「あの集まりは行かなくても差し障りないからね」とか「夜の集まりは総会だけ押さえたら大丈夫」とか。そして、会計や書記も「一番下の子だからご恩返しにやろっかな」という人が友だちを誘い、その友だちがまた友だちを誘い、人数に達するといった具合です。

運営委員会の充実とともに専門委員会と選考委員会をなくしたことが、立候補が増える要因になっています。とりあえず一度は断る、その無駄な手順を省いたといった感じでしょうか。

第３章　学校運営に保護者が参加する？

(1) 運営委員会は毎月1回、管理職の先生と保護者との筋書きなしの意見交換の場

ＰＴＡの専門委員会をなくし、エントリーシートで役員の活動を２つまでにおさえ、ＰＴＡ活動の「ど真ん中」に位置するのがＰＴＡ運営委員会となりました。毎月１回定期的に開催し校長先生は必ずスケジュールの確保をして参加してくださいます。専門委員長や学年委員長などの役職あるメンバーだけが活動や決定事項の報告をする会でなく、以前から福本校長先生が思い描いていた「役員なら誰でも参加できる会」にしました。

こうして、運営委員会は参加者が増え、活気ある会に一変しました。50名以上の保護者が毎月１回、ゾロゾロと、いえ、イソイソと学校にやってくるようになったのです。昼休み、廊下で生徒にすれ違うとみんなが元気に挨拶してくれます。先生方が「皆さんの後ろには、見えないところで頑張ってくださるＰＴＡの方々がいます」と肯定的な擦り込みをしてくださるため、素直な女子生徒さんたちは「こんにちは。いつもありがとうございます！」なんて嬉しい言葉もかけてくれます。男子生徒も、「おーい！

〇〇！お母さん来てるで〜！」とか、「あっ、〇〇君のお母さん！さっき〇〇ったら、ボール片付けなくて先生に怒られてましたよ！」など先生や親には見せない子どもらしい顔を見せてくれるようになりました。こんなやり取り、無くても困るわけではありませんが、あればなかなか楽しいものでした。

毎月1回、管理職の先生と保護者との筋書きなしの意見交換の場は、後日不参加の人に出す議事録では伝わらない活気があり、強制ではなかったのに回を重ねるごとに参加者は増え、ほとんどの役員が都合をつけて参加するようになりました。（101ページに関連項目）

他校の人に運営委員会の話をすると、それまでは学校に意見する場がなかったのか？と聞かれますが、今まででも学校に電話をかけたり、懇談会時に担任に伝える方法はありました。でも運営委員会で議題にすると、「他の保護者はこう考えるのか」とか「不便に思っていたのは自分だけではなかったんだ！」と自分以外の人の考えを知ることができ、考えが横につながります。

「子どもたちが自由に使える図書室の開室日を増やしてほしい」

「通学地域が拡大し、通学時間が伸びたのでボストン型バックは使いにくい」

「運動部以外の生徒も通学時は寒いので防寒具がほしい」

「みんなの学習クラブは素晴らしいので、自宅でもやりたい」

「先生によって明らかに贔屓があると子どもたちは感じている。本当か？」

「夏休みの宿題、親が手伝っているのにどう評価してますか？」

「冬場の教室でのひざ掛けを許可してほしい」

「肌色ストッキングは嫌がるから黒にしてほしい」

毎回、無邪気に真剣に質問を出す保護者と胸襟を開いて話す校長先生のやりとりが楽しみで、パートの昼休みに抜けて来る役員もいました。「これがＰＴＡの活動だなんて簡単やんか！」と、ＰＴＡを毛嫌いしていた保護者が友だちに広めてくれるようになりました。

(2) 運営委員会で実現した数々の事例

運営委員会の議論の中から実現したことはたくさんあります。

・生徒の読書環境については、ＰＴＡボランティアによって月曜の図書室を開室。その後、学校司書配置
・学力向上や授業については、各教室にスクリーンとプロジェクターを配置
・エアコン暖房の導入により冬の教室の乾燥が気になるので、加湿器を全クラスに設置
・生徒の活動として授業態度コンクール。教員の資質向上として授業評価アンケートの実施
・カバンが重いことについては、議論後３か月でリュックタイプの導入と選択制を採用
・学区改編などの入試制度の変更に対する不安の声については、校長先生主催のミニ進路研修会を実施　等々

今まで能面で無機質だった学校が、みるみる変化し、息遣いが聞こえる相談相手に変化したように感じたのは私だけではありません。例えば、加湿器等の備品は、本来ＰＴＡ会費で買うものではないという前提ですが、ＰＴＡ活動の無駄を省いた事から生まれた資金で、子どもたちに冬を元気に過ごしてほしいとの保護者の想いから12月の運営委員会で議題になったあとすぐに購入しました。

学力向上のために配置されたプロジェクター

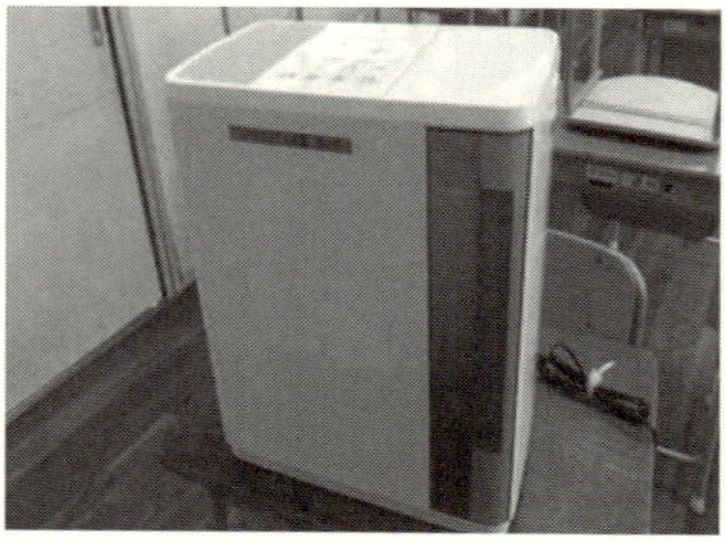
教室の乾燥を心配して購入された加湿器

もう少し細かく例をあげて紹介しましょう。きっとどこの学校でも議論されている内容だと思います。

1　1学期の中間テスト

1学期の期末テストは6月末に行われます。通常は定期テスト前1週間は部活動はありませんが、運動部の3年生は総体に向け、部活出席届を提出してテスト前も練習をする時期です。その前の定期テストは、2年生3学期の2月末に行われる学年末テスト。この間、定期考査は約4か月空いてしまいます。間に課題テストや実力テストを挟むとしても3月に学習したことも範囲に含まれるのです。

生徒は4月になって、家庭訪問期間やゴールデンウィークで自宅にいる時間は長いのに、目先に定期テストがないとどうしても勉強する必要を感じません。保護者は1学期の1回きりの期末テストの結果が成績に大きく影響するのではないかと不安でした。もし期末テストを病気で休んでしまったら、一大事です。中間テストがあれば成績評価のチャンスが増えるのに…、中間テストがあればゴールデンウィークにメリハリがつき勉強する目的ができるのに…、など、中間テストを望む声が大きく、毎年担任の先生にそれぞれ要望しても一方通行で返事をもらうことがなく、保護者はなぜ中間テストが無いのかと不思議に思っていました。

そこで運営委員会に多くの保護者から「中間テストをしてください！」との要望が出ました。福本校長先生はまず、テストに関する先生方の業務負担、さらにその前後で実施される各学年の宿泊行事との兼ね合いから実施していない理由を説明されました。その内容に関して保護者も知らないことがあったり、納得することもあったり、互いにその立場からメリット・デメリットを話し合いました。最終的にこの場で出た保護者の意見を職員会議に持ち帰って協議することになり、結果的には中間テストが実現しました。

あるクラスでは担任の先生が「ＰＴＡのお母さん方のたっての願いで中間テストをすることになりま

した！」と言われたらしく、役員の子どもたちは「余計なことを言わないで！」って怒っていましたが。その結果、子どもたちの家庭学習にそれまでとは違ったメリハリを感じるようになりました。特に3年生にとっては1学期の期末テストの範囲が減ることにより、期末テストの勉強と引退前の部活の両立も楽になりました。先生方も子どもたちのモチベーション第一に考えて頑張っておられます。

2　部活動

私たち昭和40年代、50年代に育った保護者は、中学生っていうのは部活づけ。中学生になると家族旅行なんて行けないし休みなんてない、って思いがちです。誰かに言われた訳でもないですが、部活動に入らなかったり、退部すれば内申点が下がると信じているところがあります。そんな考えも、もし運営委員会で質問すれば校長先生から「誤解です。そんなことはありえません」の一言で終わります。

ちょうどその頃、本多聞中学校では生徒数が増え新しい部を作ることになりました。運営委員会で、校長先生から生徒の状況や環境的な条件、指導者のことなどが詳しく報告され、それぞれに要望がある中で柔道部がスムーズに創設されました。説明を聞くことで納得することも多く、運営委員会で聞いた話を一般の保護者に伝達していくことも大きな役割です。

さらに生徒数が増える傾向だったので、「美術部がほしい！」と思っている生徒の状況や理由を保護者が説明し、美術部についても話し合いが持たれ、その方向が決まっていきました。具体的には「それまでは運動は苦手だけど、部活を毎日したいという生徒には吹奏楽部しか選択肢がない」「吹奏楽部以外に生活部や放送部はあるが、活動日数が少ない」「部活に毎日参加したい、音楽以外の分野に興味を持つ生徒が入れるように」とのことでした。

部活動の問題は、それぞれが言い出すときりがありませんが、運営委員会でことあるたびに状況を意見交換し、すぐに作ってもらえなくても要望がある事だけは知ってもらいながらみんなで議論していくことが大きなポイントです。学校からの決定事項のように決めるのではなく、ボトムアップしていく決め方は保護者の参画無くしては難しいと考えます。

こうして、２０１６年（平成28年度）に美術部が創設され、生徒の居場所が増えました。一方、サッカー部は長年熱望されていますが、運動場の状況から難しい、という事が多くの保護者や生徒に伝わっています。一方的に「サッカー部を作るのは無理です！」と言われるのではなく、学校の事情を聞く機会があるだけで保護者の理解度も違います。子どもたちも保護者から説明してもらえばわかりやすいし、学校も保護者だけではなく生徒にも状況を説明してくださっています。

３　修学旅行

中学の修学旅行は、毎年アンケートにより決まります。希望の行き先は、沖縄、東京、九州…内容も民泊やら観光やらいろいろです。このアンケートが実は形だけはでないか、との噂がありました。

運営委員会では、２年生の保護者から、来年の修学旅行が主に班別行動だが、この学年は落ちつきがない。真面目なリーダーにばかり負担がかかる。地震の心配もある東京でわざわざ班別行動をする狙いを教えてほしいとの質問がでました。確かに、この学年は小学校の頃から落ちつきがないと言われていました。

校長先生は、

「この学年の小学校からの状況はしっかりと把握し、その対応を確実にするための研修や話し合いも行っています。先生方の構成にも配慮をしました。安心して任せてほしい」

「リーダーは確かに大変だと思います。でも将来的にはこの経験が役に立つと思っています。小学校の時にいろいろともめたり、嫌な思いをしたりした生徒たちに安定した生活をさせてやりたいと強く思う学年です！」

と率直に答えられました。ここまで明言されるとお任せするしかないという雰囲気でした。あれこれ理由をつけて誤魔化されるより、これくらい堂々と話してもらったほうが2年生を応援しようという気にもなりました。現実にその後、2年生はさまざまな事前指導を受け遠足では班別行動の練習をし、満を持して修学旅行に出かけました。思いのこもったフォローをしてくれる校長先生や精鋭の先生たちの気持ちを生徒は知らないだろうけれど無事に帰ってきました。

修学旅行地決定の理由については、次の学年主任の先生は、アンケートの得票数や各旅行社のプレゼンの先生方の評価の点数を含め全てを公開しておられました。

４　合唱コンクール

「当日、私は見に行けないけど最近気になることが…」と運営委員会前にあるお母さんから連絡がありました。

「学年でもクラスでも先生方が熱心に指導してくださり、クラスの雰囲気も盛り上がり優勝候補として娘のクラスは頑張って練習している。もし、他のクラスと同じレベルの時に、うちの娘の音程がはずれていたり、歌う姿勢がおかしくて、減点対象になりクラスメートをガッカリさせたらどうしよう」との事でした。少し障がいのある娘さんは、歌が大好きで大きな声で歌っているけれど、お母さんからしても音程が不安定らしく、かといって小さな声で歌うようにとも言えないとの事でした。

そのお母さんに、「運営委員会で実はこんな事で悩んでいる、と話をすれば出席している保護者も全員が親の立場なのだから、それぞれの家庭なりに我が子に話をしてくれると思うよ」と提案してみました。そのお母さんはもともと次の運営委員会は欠席の予定でしたので、いろいろ話した結果、代わりに私から役員や校長先生にお伝えすることになりました。

運営委員会当日、そんな想いの保護者がいた事に初めて気がついた役員たちは、「学校行事は教育活動の一環だから、本来の意味を忘れてはダメだね、少なくとも親は熱くなりすぎたらいけないね」という話になりました。また、校長先生からは採点基準や合唱コンクールの意義を話してもらい、特に、その生徒のことで採点が左右されないことや、生徒たちがしっかりと理解していることを明言してもらいました。

夜、お母さんに連絡すると大変安心してくださいました。「先生に言うと苦情のように受け取られるかもしれないし、どう伝わるかわからないし、忙しいのにこんな事まで、って自分でも思うから言いにくかったけれど、でもずっと気になるし。ちょうどよかった」と言っておられました。その後、担任の先生からも声をかけてもらえたそうで安心されていました。

5　指導の公平性

どの学校でも保護者が最も気にするのが指導の公平性です。どうしても我が子優先になって見え方が変わるのですが、その不満がたまると思わぬ事態を招くことがあります。

例えば、こんな質問がありました。

「いつもスカートの丈が短く、くるぶしの出るくらい短いソックスをはいた生徒が5分遅れて登校したら先生方はよく来たね、って笑顔で接してくれるそうです。一方、時間に余裕をもって早く来ている生徒のソックスがほんの少し短めだったり、スカートから膝が見えるか見えないかくらいでも、真顔で「ソックス短いよ！」とか「スカート丈、おろしてきて！」と冷たく指導されると子どもたちは感じています。先生は地味に頑張っている子に冷たく、派手に逸脱している生徒には笑顔で冗談も言うって子どもたちは敏感に感じています。生徒によって態度や基準を変えないでほしいです。贔屓のあからさまな先生もいると聞いているのですが」

それに対する校長先生の返事です。

「そのように受けとられているなら申し訳なく思います。先生方にも話をします。先生方もそんなつもりはなく、どの子にも気を配っていますが、子どもたちはこう感じてるようだが、指導は大丈夫か？と先生に問うてみます。ご意見ありがとうございます」

この意見を出すにあたり質問を出したお母さんは、「親バカかもしれない」と迷われていました。「親って親バカなものだし、最近の親は特に我が子しか見ていない、敏感に反応しすぎると言われる。でも、運営委員会に出すことで、同じ事を思う人が日頃親子で愚痴っていたことに、何か解決の糸口が見つかるからみんなのためになるよ」と質問を出してもらいました。本人が発表するのではないから誰の意見か特定はできません。

その後の保護者だけの雑談も盛り上がりました。その中で、励ませば頑張れる子、言われなくても頑張っている子、本当は声をかけてほしくて待っている子、どうせ自分は先生の目にとまらないと半ば諦めている子、いろんな子がいるから私たち保護者も学校に平等を求めながら、なにが平等なのかわからなくなりました。「平等」って難しい。ただ、先生はどの子にも笑顔で同じテンションで接してほしいよね。というシメになりました。

6　通知表の評価と進路説明会

通知表については、昔は相対評価である意味わかりやすかったです。上から◯人が5、下から◯人が1や2と、決まっていました。今は絶対評価と言われていますが、どのように解釈すればいいのか、なかなか保護者は理解できていないようです。突っ込みどころ満載みたいになっています。この事も運営委員会の質問に上りました。

「一度も欠席なく授業も受けているのに2だったりします。やはり昔みたいに下から何パーセントが2とか決まりはありますか?」

「その子の頑張り具合、伸び具合で、と聞いたこともありますが、それはどう判断されますか?兵庫県は入試における内申点の比率が高い割にそのあたりがよくわかりません。平等でないような気がします」

「また○○先生は、5をつけないとか、△△先生はたくさん5をつけてくれるなどの噂もあります。子どもが大袈裟に言っているのかと聞き流しましたが、代々そのように聞きます。どの先生に受け持ってもらうかで進路にまで影響するのでしょうか?」

校長先生の答えは次のようなものでした。

「通知表の評価については、そのプロセスの細かいことまで保護者の方に公表していませんが、実に多くの項目に分けて全てが点数化されています。今は求められれば説明もすることになっています。提出物や小テスト、実技教科なら学習態度や技能なども細かく先生方はつけており、あとはコンピューターで数字を出します。さまざまな要素を総合した数字です。またひとりでつけるのではなく、複数の先生が目にしています。想像以上にクリアなものです。ご不明な点は、遠慮なく聞きにいらしてください。提出物の期限を守ることは、社会人になってからも重要です。ぜひご家庭で一声かけてやってください」とはっきりと言われました。

成績について、いろいろと保護者はわからないことだらけ。特に、２０１６年（平成28年度）は兵庫県の高校受験の学区が改編される時期で、多くの保護者が進路や入試に関する情報を求めていました。そこで、一番詳しい校長先生に講師をお願いし、５月６月の早い時期に進路説明会を3年生ＰＴＡ役員主催で行うようになりました。核心にせまる的確な話が聞けると好評でした。

内申点に関しては「この学校より隣の学校の方が良い成績がついたのに」とか「不登校で学校に来ていなくてもオール3がついていたらしい。うちの子は学校に毎日通ったけどオール３より低かった」とか、いろいろな拭えない疑問がありました。

先生に対し、ひとつでも不信感を持つとさまざまな場面で疑惑が増えるので、できるかぎり早めに解消するよう心がけました。個人の先生や生徒を引き合いに出した批判や非難でなく、あくまでも知識を得たい、疑問を拭いたいとの思いである事を保護者にも理解してもらいました。

進路の話は一番保護者の知りたい部分でもあり、進路説明会は午前中に単独で開催してもたくさんの人が参加しました。

求められているのは、カルチャースクール系の研修でなく、我が子に関係する事、もっと言うと中学においては進路なのだなぁと実感しました。またこの研修会では毎年、親は成績順位だけに固執するのではなく、将来のなりたい像から逆算して志望校を決める方法を子どもに示す事も学びました。

例えば、車の整備関係の仕事を目指すなら、普通科から大学を経ての就職や高専、工業系高校からの就職などいくつも方法があること。また、将来国公立大学を目指すなら、商業系の私立高校を経て進学することも可能であることなど、2人や3人の子を育てたくらいでは到底知り得ない知識や価値観を得ることができました。

ぜひこれは、来年度もお父さんお母さんに聞かせてあげたい！これだけはやったほうがいい！と先輩保護者から毎年引き継がれる研修会になっています。

7　目立たない子にも活躍の場を！

運営委員会ではいろいろなことが議題になりますが、こんなことも話し合われました。「目立つ子だけでなく目立たない子にも活躍の場や居場所を作ってほしい。それぞれに安心できる居場所があれば、ありがたいと思いますが」という質問に対し、「コミュニケーション能力はとても大切なので、目立たない子も実感できるような仕掛けを考えてみます。特に笑うということに重点を置いたものにしたい」という回答をいただきました。

その後、居場所ではありませんが、吉本興業の「住みます芸人」が期末テスト最終日に学校に来て、体育館で全校生が同じ時間を過ごすイベントが実施されました。「住みます芸人」とは、全国47都道府県に住むよしもと芸人が、笑いの力で地域活性化のお手伝いする、というプロジェクトです。私たちの学校に来てくれた芸人さんは、校長先生の教え子だそうです。

名の知れた売れっ子芸人をみて自分たちが笑わせてもらうのではなく、若い芸人さんによる、時には

スベる芸も交えつつ、生徒も舞台に上り一緒になって楽しむというものです。さすがにプロの芸人さん。その場の雰囲気をつかみ、皆を惹きつけるところは神ワザです。いつも明るい子、目立つ子ばかりを舞台に上げるわけでもなく、事前に配慮に必要な事柄を確認した上で、教室ではおとなしい子、普通の子にスポットライトをあてるような、毒のない優しい笑いのできる魅力的な芸人さんでした。

「全校生が一同に集まり、同じ時間に同じ舞台をみて、それぞれのペースで笑い楽しむ。引っ込み思案の女子がクスッと笑っていたり、目立ちたがり屋さんがステージで踊っていたり、そんな時間も大切だし、後々には中学時代の懐かしい思い出になる」って校長先生なりの狙いやこだわりがつまったイベントです。（121ページに関連項目）

この日の運営委員会で「平等」の結論はでませ

んでしたが、役員たちは、その後卒業するまで、学校が考えてくださるいろんな〝しかけ〟の中に生徒みんなを「平等」に大事に思ってくれる先生方の気持ちを感じる事ができました。

(3) ワンマンではなくリーダーシップ

9月の運営委員会でのことです。「体育会練習期間は体操服で登下校したい」との話がありました。保護者からすると、暑い時期に組体操で汗と土で泥々になった身体に制服を着ると、長ズボンは暑いし裏地が張り付くし、体操服を脱いで下着をきてボロシャツを着るのも身体がベタベタし効率的でないと感じたからです。洗濯する者としては襟は真っ黒になるし。「あー、春に言っておけばよかった。明日言っても間に合わないよねー」なんて思いながらとりあえず議題に出しました。運営委員会当日、校長先生のお返事は、「わかりました。今は体操服を着崩す生徒もいないし、そのような声があるなら生徒指導の担当とも相談してみますが、来週から運用できるようにします」でした。役員の皆が帰宅し、我が子に得意げに話したのは言うまでもありません。「お母さんたちが、校長先生に頼んであげたで！」って。このようなパターンはその後も度々ありました。校長先生は日頃から、言っておられました。「1番に優先されるのはユーザーである生徒。次に保護者。そして先生方」

その考えは、先生方にも徹底されているので、たとえ職員会議前に校長先生が先に決断したことでも先生方は信頼してついていかれます。「勝手に決めてしまうワンマンタイプの先生ならそれくらいできるだろうけどねー」たまに、他校のＰＴＡ会長や校長先生からそう言われる度に説明するのですが、ワンマンではなくリーダーシップと言った方がしっくりきます。ワンマンで単独プレイの校長先生だとむしろこううまくはいかないでしょう。ワンマンなら「校長、何やねん！ＰＴＡにばっかりいい顔して。今までやってきた規則を勝手に変えて！」となりますが、先生方はそうではなく「本来ならしなくてもよいのに、運営委員会で担任や顧問のかわりに不満や質問の矢面にたって対応してくれている。決めた結果はきっとトータルでみたら生徒のためになるんだろう。やってみよ」

以前、先生方のお弁当の注文までお世話していた風景につながります。校長先生や教頭先生に、日頃から先生方に対する家族的な愛情がなければ成り立たないことだと見ていて思います。

その職員室の信頼関係を雰囲気で感じ取ることが出来ていたので、保護者もまた、安心して学校に寄り添うことができたのです。「学校が、校長先生が、まさか私たちに悪いようにはしないだろう」そう思えることは保護者にとってとても幸せです。子どもたちを中心に立場は違っても一緒に成長を見守る。その信頼関係こそが、学校とＰＴＡが両輪で動く学校運営の支えになっているように思えます。

(4) 保護者仲間がいるから救われることもある

運営委員会では、各家庭の個人的なことを議題にはしません。ただ、本人から提案があれば、みんなで考えることもあります。そこでは、学校との対立的な話も当然出てきます。

中学校では教頭先生は2年、校長先生は3年ほどで異動されます。何か保護者とトラブルがあった時に、お互いに今までの背景も性格も知らないがために、普通はうまく解決できる話がなぜかこじれてしまうことがあります。担任の先生が、「それを言ったら終わりやん！」っていうような、その親子にとってトラウマになっているようなNGワードを悪気なく、むしろガンガン連射することさえあります。その親子なりの基準でとても困ったり、言わずにはいられなくて苦しみ悩んでいるのですが、先生が個々に納得いく対応をするのは無理があるし、解決に莫大な時間もかかってしまいます。その過程でふとした行き違いなどがあれば、お互いに鎧を身にまとい「えらい大きな話」になることがあるのです。

そんな鎧をまとってしまった保護者がふと我に帰ることができるのは、赤ちゃん時代から苦楽をともにし、保育園や幼稚園、小学校と、良い時も悪い時も互いに知っている保護者仲間の一言だったりします。「それはちょっと言い過ぎかも」「気持ちはわかるけどなー、でもそこまで先生に求めても無理やで！」「それ以上やると、こっちも傷つくし、もういいやんか、そんなもんやわ」「あるよ、そんな話。上のお兄ちゃんで苦労した！○○さんだけ違うから気にせんとき！」こんな言葉、先生や学校関係者から言われたらそりゃあ激怒します。でも、お母さん仲間から言われると、「あれっ？そうなん？そんなもんかな？」と腑に落ちたり笑ってしまったりするものです。あのお母さんは、あの人の言うことなら信じる。全くタイプは違うけどあの親の本心を解読するのは○○さんしかいない。そんなキーマンは探せば身近にいるものです。その母体集団がＰＴＡだとすれば、ＰＴＡが仲間同士、学校ともいがみ合うことなく仲良く強固であれば、学校が解決しなければならなかった事に結果的に保護者が力を貸す事ができ、こじれる事なく円滑な学校運営に寄与できると思います。

先生1人に対し保護者が10人いれば10通りの感想があります。「サイテー！」と思っていた先生の違う面をきくと、ひとまず冷静になれることもあります。「やっぱり、そんな人よね！」とますますエキサイティングする場合もありますが、それもまた現実です。客観的にアドバイスしたり話をきいてくれる仲間がいるということは、何より孤立し対立するところだった保護者にとって、とても助かります。

ＰＴＡの活動を子どもに関する事に厳選し、運営委員会にいろんな人に参加してもらい、主旨を皆が共有した上で忌憚のない意見のやりとりができれば、回り回って大きな社会問題である先生の多忙化解消の解決策の一役になるかもしれません。

個人情報やプライバシーが重視されますが、親のネットワークもまんざらでもありません。

第4章　ＰＴＡ改革を振り返って

(1) ＰＴＡ会長として気をつけたこと

副会長として改革に取り組み、3年目、最後の年に会長に就任しました。そして福本校長先生が中学校に来られて3年目。ＰＴＡ以外に学校のシステムや学力向上等への取り組み、全てにおいて、ホップ、ステップ、ジャンプの飛躍の年。私にとって、残り1年を会長の立場でＰＴＡ改革を検証し不具合は修正し軌道に乗せる年となりました。

ＰＴＡ会長になると、まずは周囲の役員さんから申し訳ないくらいに感謝されます。だーれもやりたくないのですから、当然といえば当然ですが。でも感謝されるほど大変でもないし期待に応えられるのかと思うと複雑です。強いて言うなら保護者同士の「今年のＰＴＡってどうなんかな?」っていう話し声にはギョッとします。自分を批評をされてるように聞こえるんです。あとは新聞のＴＰＰという文字がＰＴＡに見えたりします。、会長を体験していただけたら、共感してもらえると思います。

ＰＴＡ総会で承認される瞬間は、誰かに「異議あり!」っていわれたら恥ずかしいな、と緊張します。

総会が終わると、次は5月に地域団体の総会への出席があります。ゴールデンウィーク中に2回は出席します。そうこうしているうちに、区のＰＴＡ協議会の総会、懇親会があります。さすがに中学生の親となれば夜に外出もできますが、小学校の時は子どもだけに留守番させる夜の外出は気が気ではありませんでした。懇親会は、お楽しみの部分が多大にあり1年間役員を務めて引退される会長さんへの慰労の意味もあり、賑やかに弾ける雰囲気です。校長先生や教頭先生が丁寧に話しかけてくださり、普段は話さないような私的な話もすると、このあたりから、たまに勘違いしてしまう人もでてきます。「自分たちは、先生方のことをとてもよく知っているんだ、普通の保護者よりちょっと親しいんだ」「だから先生方にこたえるために一般の会員を指導しなきゃいけない、がんばろ！」みたいな錯覚に陥るようにみえます。

その思いが強まると、献身的に活動するのですが、学校から頼まれてもいないのに、ＰＴＡ協議会から依頼される研修会の動員割り当て人数をカンペキに集めようとかなり厳しく役員に研修会の参加を強いるとか、学校への提言や質問を「先生も頑張っておられるんだからそこまで口出しするのはやめよう」とか、その視点の先が学校、先生になってしまいます。視点の先は、普段は物言わぬ保護者、学校と距離ある保護者、そっちなのですが。

また、学年懇談会のあとなど、保護者が先生と話す機会を奪い、自分が我が子の長話をしちゃったりもします。しかもそれがいつのまにかタメ口だったりしたら、役員をしていない保護者は、「会長や副会長になれば先生と親しいんだー」と、またここでも目に見えない溝ができてしまいます。

私はよく、「堅苦しくても先生方には敬語を使おうね。他の保護者がいる時にその人たちが知らない話題はやめようね。本部役員は学校側の立場の保護者って目で見られないように気をつけようね」と言ってきました。

「会長さん」「会長さん」とあちこちで声をかけてもらっても、自分は、無試験、無面接、無投票、で会長になっている単なるお世話係、と言い聞かせておかないと、「大学デビュー」なんて茶化す言葉がありましたが、同じニュアンスで「あの人、ＰＴＡ役員してから急に態度がデカくなったよね！」なんて言われてしまいます。

特に私たちの運営委員会は、保護者の意見を遠慮も悪意もなくぶつけるため、上がってきた意見を本部役員がフィルターにかけ、学校に良い議題ばかりに偏らないように、注意しました。

また、定員を満たしてもできるだけさまざまな家庭環境や条件の違う保護者に加わってもらい「保護者の総意を反映させる運営委員会」の精度をあげることに努力しました。学校や先生の事がよく理解でき、親子で学校が大好きで特に困り事もない保護者ばかりが役員だと、視点が同じになってしまいます。また、一番恐れるのはＰＴＡが学校のお抱え組織で一心同体に見られる事です。学校側はＰＴＡに保護者の意見を確認したつもりでも、それが偏りのある、生徒より先生のご都合に合わせてしまう保護者ばかりの集まりだと学校は保護者の本当の困り事を知ることができません。一般会員と役員の間に溝もできてしまいます。「どんな意見も批判も最終的には言われた先生のためになる」との校長先生の考え方のもと、学校に対しては距離のある、過去に学校に厳しい要求をしたり信頼関係が築けていない保護者にも、敢えて役員になってもらうことも重要で、いろいろな考え方を運営委員会でぶつけるようにしました。

学校に行く回数は減りましたが運営委員会で会う保護者の数が倍以上に増えたので、お互いの情報交換はさかんでした。３時には会議が終わるようにしたため、保護者はそのまま会議室で、都合のつく時間ギリギリまで雑談もできました。スッキリとリフレッシュして急いで帰る！そんな感じです。みんなが、楽しんでいるかな？学校の敷居が下がり、親しみ深い学校になってるかな？孤立してる人はいないかな？それだけを考えていれば、ありがたいことに良い方へ良い方へと歯車がまわりだした気がします。

(2) 学校という縦糸、ＰＴＡという横糸

福本校長先生がいつも指摘していることであり、運営委員会の大きなコンセプトでもあるのですが、保護者の横の関係はとても大切です。今の学校は、さまざまな環境、価値観の保護者が混在しています。私がＰＴＡの役割を実感した時の話です。

当時、学校行事の後に各クラスでやる「打ち上げ」が流行りました。最初は、ボーリングや公園でおにぎりを食べるくらいだったのが、回を追うごとに本格化し、焼肉やしゃぶしゃぶ食べ放題に発展していました。値段も三千円台に高沸し、保護者は苦々しく思いながらも子どもたちの「クラスの皆が参加

する」との言葉に、クラス行事なら仕方ないと渋々許していました。反面、担任の先生は知っているのか、派手すぎないかと学校へ電話した親もいれば、したものかどうか迷っている保護者もたくさんおられました。

一方、文化祭に来てくれた祖父母と一緒に家族で焼肉を食べに行った知り合いは、近所の娘さんが20人近くでワイワイガヤガヤ打ち上げの場に遭遇することになりました。我が子は照れるし、雰囲気は落ち着かないし…。1人三千円以上もする家族の外食の場が、いつから中学生がたむろするフードコートのようになったのか！とびっくりしたそうです。

運営委員会の前に「最近気になる事」を募集した時に、この話題が複数の人から持ち出されました。皆、学校にできればやめてほしいと言うつもりで議題にしました。対学校への不満でした。フタを開けるとびっくり！先生は、何とノータッチ。クラス行事ではなかったのです。どの親も、自分だけ三千円が高いと渋っていると思っていたら他の親も同じ思いでした。

こんな風習が代々続くと大変だし親のぶっちゃけ本音トークがしたいね、ということで、「打ち上げに関するミニ研修会」を3年生の主催で開く事にしました。結果、お金を使いお店や他のお客様が不愉快になるような打ち上げはやめるように、それぞれの家庭で話をすることになりました。そして集会で、お金の価値について先生から話をしていただくことができました。

一軒一軒の家庭が我が子の言葉を信じ、学校行事の続きと誤解し、担任の先生の誘いと思い学校に電話していれば、相当の数の電話を学校は受けることになったでしょう。それぞれに説明をしても担任の先生によって言い回しが違えば更にややこしくなることもあります。今回のような保護者同士の情報交換の中で、いろいろな気づきがありました。我が子の言葉のあやふやさに気づきながらも、自分の子育てに自信のない事。でもそれはどこの家庭も似たり寄ったりな事。皆で話せば学校側の考えも落ちついて聞ける事。些細な事ですが、親が自信を持って打ち上げに関して我が子に話せば子どもも安心します。

今の学校は保護者の要求にひとつひとつ丁寧な対応を迫られ多忙化の要因ともなっています。場合によっては個別対応が必要となるでしょうが、今回のような場合は、先生に負担をかけず、結果として保護者の中で対応することができました。確かにプライバシーや守秘義務、価値観の違いはありますが、私たち保護者は良い意味で学校に対して横につながる組織でありたいし、それがＰＴＡという形ではないにしろ、集団としてある事の大切さは実感しています。

平成26年12月18日

保護者様

神戸市立本多聞中学校

ＰＴＡ会長

「行事後の打ち上げに関するアンケート」のまとめについて

保護者の皆様には、日頃より本校のＰＴＡ活動にご理解とご協力をいただき感謝申し上げます。本年度より、皆様から頂くタイムリーなご意見やテーマに沿ってＰＴＡ研修や討議を進め、必要に応じてアンケート等を実施してまいりました。２学期に入って、体育会や文化祭などの大きな行事の後、「打ち上げ」として子どもたちが集まって会食する行為がやや目に余ってきているのではないか、というようなご意見が出されたことを受けて、先月アンケートを実施させていただきました。

※結果の詳細については、裏面をご覧ください。

特に見られた傾向として

① 保護者が積極的に賛同して参加させている家庭は少ない。
② 打ち上げの費用に関してはお小遣いという枠組みがなくなってしまっている。
③ 中学生の行動なのに、その判断基準が「大人のつきあい」感覚になっている。
④ 帰宅時間がルーズになっている。
⑤ 一部だが迷惑行為やトラブルが苦情として寄せられている現状をあまり知らない。
⑥ 学校に対し何らかの関与を望む声が多い

そこで、この機会にご家庭で考えて欲しいことをまとめてみました。
あくまでも各ご家庭の判断に任されていることですが、参考にしてください。

① 親が直感的に感覚的にダメと思ったら、ダメと伝えましょう
② 中学生の本来のあり方（お金の価値、門限の必要性等）をしっかり伝えましょう
③ 思い出に残る行事は昼間に終了しています。切り替えとけじめが大切であることをしっかり伝えましょう
④ 地域の方々からそのマナーを指摘され、学校に多くの苦情が寄せられている事実を伝えましょう

「打ち上げに関するアンケート」についての配布プリント

(3)会長、教頭、委員長、地域団体会長…関係者語る！

ここまでは、私の想いや考えを述べてきましたが、当時の関係者にも振り返っていただきました。

①会長経験者

福本先生は、ただ者ではないな。何かやってくださる先生だな。と、いうのが最初にお会いした時の印象です。改革後のＰＴＡに関しては、今の時代に合ったやり方だと思います。

ただ、多くの役員の方がボランティア精神を発揮し、仕事を持ちながらも、ＰＴＡ活動に参加され、「最初はくじを引いて青ざめたけれど、本当に楽しい1年でした、こんな出逢いに感謝します」と感想を持っておられました。そのような気持ちも大切にして気楽にＰＴＡに参加し、保護者も素晴らしい仲間を作ってもらえたらいいですね。

②会長経験者

改革している（今までと違う事ができる、自分たちで作っていける）事が新鮮でした。無駄や負担だと思っていたことは無くしたり、形を変えてくれることで参加しやすくなりました。役員をする意味があると思えました。ＰＴＡを紹介や説明をする時に、自分が嫌な事をしていないので素直にいい面を伝える事ができ、いろんな状況の人にも参加してもらえるようになり、気持ちに余裕が持てました。

困った事は個人的にはありませんでしたが、沢山の人が参加をする分いろんな意見も当然出る中で、それをまとめたり、ひろったりすることに難しさを感じることもあると思います。会としての意味や基準を、本部や学年長は日頃から確認し合うことが大切かもしれないと思いました。

③副会長経験者

PTA改革はぜひやりたい、みんなが嫌いなPTAじゃなく、楽しんでやりたいと思いました。専門委員会は無くても大丈夫、みんなで、やれる事をやればいいのではないかと考えました。新しい運営委員会に参加してみて、やればできるもんだなと感心し、いろいろみんな考え方はありますが、子どものためのPTAという思いは同じだと思いました。

今までのやり方を変えるのは不安がありましたが、改革の流れに付いていったら面白かったです。あの時は、勢いがあり、楽観的だったと思います。

④専門委員長経験者

PTAを見直すと聞いて、嬉しかったです。経験もない、やりたくもない、どんな雰囲気かも分からない中で、大役があたり、とても大変そうで役員というものが、とにかく重荷でした。見直しということを聞き、肩の荷がおりました。

専門委員会を無くすことは、とにかく決められた役を与えられる人と、抽選を免れた人との重荷の差が少しでもなくなるので、ＰＴＡに対しての嫌な思いはなくなりました。

改革が始まったとき、運営委員会の時間が短時間で終わることや重荷がなくなった分、役員会の時にゆったり話がきけて、学校が今どんなことを考えて対応しているかとか、よく分かって良かったです。また、生の意見交換ができていたので、得した気持ちにもなりました。

⑤専門委員長経験者

直接発言しにくい人には、予め意見を聞いておいて、ご意見として、運営委員会で校長先生に聞くことができる。これはほんといいことだなと思いました。直接だとみんなの顔を伺いながら聞きたいということを途中曲げてしまうことだってあるかもしれませんが、匿名の文面で、誰か分からないようにして質問とかお願いとかできるから、ストレートに意見が出せました。

運営委員会については、パートやバイトや、家庭の用事の都合を空けてでも、忙しくても行きたいな、今日はどんなことを話されるかな？と楽しみになりました。

やっぱり校長先生の対応が良かったなと思います。何より前向き。無理なことは無理だとし、けど、改善できることはしようという言葉が出るなど、中学校で校長先生がこんなに意欲的に子どもたちに働きかけてくれるのだ！と思えました。それなら、私たちも、もっと家でもしっかり、子どもらを観察して話して学校ともかかわっていかんとあかんな！って思えました。

学校側の思いをしっかり伝えたり、子どもたちの教育のためには、大変なことを隠さず共に協力してほしいということも伝えていくと、ボランティアも自然に増え、役員もやろうかな?聞きに行きたいなとなるかなと思います。

役員会や役員について、どんなことをするのかをまず知った上で、これくらいならできるという提示をしてくれたこと、年間の予定がある程度わかること、役員会の時間が短時間、1時間までくらいであることは、本当に有難いことでした。

ただ、この流れになるには、並々ならぬ本部役員の熱意や校長・教頭先生のメンバーもすごかったです。今から考えたら本部役員さんや校長先生は、ほんまにすごいことやってのけた尊敬される人だと思います。何百人のお母さんたちが、助かってきているのですから。

⑥地域団体会長

PTA見直しと聞いて、地域との関わりを切っていくのかな?と不安になりました。結果的にはそうではなくて安心しました。

市政要望のグリーンカード(神戸市が各婦人会に配布し、さまざまな要望を記入してもらい、それを行政に反映させる制度)について、子育て真っ最中の人はどうなのか、少しでも子育てのしやすい街に!という思いでPTAにも声かけたところ、いろいろと協力したり連携できて動いてもらい、気がつかない事の提案もあり、良い関係だったと思います。

⑦学年委員長経験者

ＰＴＡ役員になったら大変ってイメージがあって、どうかくじ引き当たりませんようにって毎回ドキドキしていましたが、専門委員がなくなった事で、やってみようかなという気になりました。専門委員なくしたら、文句出るかなーと心配もあり、もし文句でたら戻そうって、呑気に考えてました。

実際の活動は年2回、それも苦痛でしかたのない活動なんてなかったし、月1回の運営委員会も、些細な質問でも改善に向けて考えてもらえるし、自分の意見もサラッと言える雰囲気でもあったし、ＰＴＡ役員じゃなかったら、普段ん?て思う事も解決できてなかっただろうし、知らない事もたくさんあっただろうし、役員になって、月1回運営委員会に参加できた事が、今では良かったなと思えます。

⑧副会長経験者

改革について、見直しをしたことによって、活動が簡潔で分かりやすくなり好評だったのでほっとしました。当初は1年だけで許してもらうつもりでしたが、改革の話を聞いてしまったらこれからの成り行きも気になり、結局最後までおつきあいしました。校長先生も頼りになり、ついていく気分でしたし、飲み会をなくしてくれたり、夏休みも行かなくていいと言われ、「コテコテのＰＴＡ役員」ではなかったことがよかったです。

専門委員の中には責任が重いものがあり、必要なのかなと思っていたので、無くす意見は嬉しかったです。

活動内容は負担がないし、子どもに必要なものばかりになりました。運営委員会が些細な事も質問できる雰囲気だったので、やらされている感じもなくて、いろんな人の意見が聞けて中学生活を、安心して送ることができました。

会議が月1回で、事前に集まる打ち合わせもなく、苦にもならず学校の様子がわかるし、保護者のみんなと話せるし、学校の先生の顔もわかるようになるし学校が身近に感じられました。

⑨元教頭

これまでの勤務校では、ＰＴＡ役員の立候補がなければ、各学年主任のくじ引きによる選出と決まっていて、学年主任をしていた時に、選ばれた方には恨まれたものです。また別の中学のときは、役員をできない場合はその理由をみんなの前で言わないといけなく、病気のことや家庭事情を暴露しなければならないという深刻な事態も起こっていました。

もちろん、抽選で選ばれながらもその活動になじまれ、最終的には「役員をしてよかった」という方もおられますが、一部でした。

広報紙作成等の労力のかかる仕事を廃止し、1人の担当する活動を2つとか3つに限定することによって全員立候補で決定するというのは画期的だったと思います。

運営委員会については、場合によっては糾弾の場になることもある反面、事象が小さいうちに情報収集できる、学校へ直接連絡される前に管理職が把握できる、という大きなメリットが学校側にはあります。職員も、大事になる前に、直接保護者に来校されたり、電話で言われたりではなく、管理職に一報が入ってからの対応、という点では助かっていると思います。

(4) 家庭の力が弱まった、って一体どういうこと?

今、先生の「働き方改革」とか「多忙化」が新聞などを賑わし、私たち保護者にとっても気になるところです。その大きな原因として、家庭の力が弱まったことが指摘されていますが、そう言われたところで、今を生きている私たちには、必要な家庭の力とはどんなもので、昔はどうだったかとか正直よくわかりません。とにかく、家庭の力が弱まった！だなんて私たちのせい？一体どういうこと？となってしまいます。

ただ、運営委員会で、先生方とさまざまな事例を毎月話すうちに、その「家庭の力」がなんとなく見えてきました。それは、昔のように、それぞれの家庭が独自の「基準」とか「判断」をしっかりと持ち、子どもの言い分を検証することができなくなっていることかもしれません。子どもが学校で何らかのトラブルがあった時に、親として事情を聴いて、咀嚼することなしに、子どもの動揺や感情の高ぶりをそっくりそのまま、学校に伝えようとします。「何とかしてよ！うちの子、悩んでるねん！」極端な場合は「学校行かなくなったらどうしてくれるんよ！」って。

よくよく考えてみると、私たち保護者は生活スタイルの変化もあり、毎日時間に追われています。特に夕方からの時間は、仕事をしていないお母さんでも、夕食の準備やら、子どもの習い事の送迎やら、突発的なケガや病気の通院やら、やる事はたくさんあります。また、家族の帰宅時間はバラバラで、一緒に住んでいるのになかなかゆっくり、我が子の目や表情を見て「○○ちゃん！今日の学校は面白かった？」なんて、会話する時間をとっていません。私たちの親世代に知られたら大目玉をくらいますが、目の前に我が子がいるのに、親子でお互いにスマホをさわっていて話す相手が違っていたり。極端な場合は、同じ家にいながらも結局はラインで「明日、体操服いるから乾かしといて！」「明日、早く出るから早めに起こして！よろしく！」なんて済ませていることも。反省しないといけないのは、私たちPTA役員も皆が連絡をとりあったり返信を始めたりするのが、この夜の時間に集中し、家族と向きあっている場面が減ってしまいました。

たしかに、こう考えると日常の些細な場面の積み重ねで子どもを理解しバックアップする家庭の力は弱まっていると言えるのでしょう。また一緒にテレビを見ていれば、ふとした会話から我が子の意外な考えを知ることができたり、さっきの屁理屈はあの番組をみて影響受けたな！なんてわかりましたが、今では親の知らないところでSNSを通じて情報を得ることも多く、何に傾倒しているのか、誰から影響を受けているのか、私たち保護者が全く把握できていません。30年前と比べれば保護者が我が子をしっかりみえていないことは、歴然としています。それが「家庭の力の弱まった」と表現されているのかと思います。

でも、でもでも、今さらこの社会のスタイルは変えられないでしょう？女性の社会進出が促されシングル家庭も増えている現在、在宅やフレックスなど、さまざまな働き方が認められてきたとはいえ、総合的に我が子に向き合う時間は減っています。昔から1日24時間は変わらないのだから…。

そうなると開き直りではありませんが、現状に適応するには、昔のように全てを親が把握しようとするのではなく、忙しい保護者同士、お互いを補う形で横のつながりを大事にし、親のネットワークを使いこなすのもひとつの方法だと考えます。

そこで登場するのがＰＴＡ運営委員会です。毎月毎月、全保護者が集まり直接話すことは不可能です。しかし私たちは、毎月ＰＴＡ運営委員会の場をもうけ、子どもを中心とした現状の話をし、当事者である保護者のマンパワーを学校運営の歯車のひとつにしたことで、結果的に保護者の学校理解を深め我が子の置かれた環境を知ることになりました。

役員なら誰でも参加できる運営委員会の参加人数は平均50人。参加率は全保護者の約２割です。これは、第２章で紹介したようにピーマンだったＰＴＡをイチゴに変え、役員に対するアレルギーを無くしたことで実現できました。委員会に参加した１人１人が知り合い５人に話すと、ほぼ全員にその内容は伝わります。保護者の中には、子どもの時から学校にはどうしても良い思いのない、教師が苦手な方も毎年おられます。（共通するのは、ポリ公と先公は大嫌い！ってすぐ言うことです）面白い事にそんな人も、友だちの友だちの友だちくらいまで辿ればＰＴＡ役員で、学校の状況をよく知っていていざとなれば学校の様子を説明してくれたり、学校に相談に行く時に付き添ってくれるつながりがあったりします。

また、私たちは気がつかないうちに我が子の言い分を客観的に検証することができなくなり、どうしても独りよがりな子育てをしてしまいます。それを客観的にみつめる場としても、同じ学校に子どもを通わせる保護者の集まりである運営委員会は機能してくれます。

0か100、白か黒、○○しかダメ！となりがちな友人は「運営委員会に出席することで他の保護者の考えを知って、目から鱗、子育てどころか自分自身がとても楽に生きれるようになった」と話してくれました。

このように、「家庭の力が弱まった」と言われる今、それらを上手く受け止める方策としてＰＴＡという組織やＰＴＡ運営委員会が役割を果たすことは可能ではないでしょうか。

(5) ＰＴＡのお悩み話が過去の話になる事を願って

「なぜ、こんなにＰＴＡが嫌われるの?」改革のスタートになった素朴な疑問です。そして、それがアンケートに繋がり、ＰＴＡが敬遠される理由の主なものとして、「不要な活動が多すぎること」だとわかりました。ここで、すべてを否定的に捉えるのではなく、理由がわかれば、それを見直して、多くの人に受け入れられる形に変えようと肯定的に動いたことが改革を推進しました。一連の活動の見直しにより、エントリーシートを活用しＰＴＡ役員になる事の抵抗感を軽くする試みにチャレンジしたのもそのような姿勢の表れです。当時の福本教頭先生の理想とする「学校運営に参加するＰＴＡ」を実現するために、当初から不要ではなく「ＰＴＡありき」ですべてを進めました。

最近クローズアップされているＰＴＡ問題ですが、その世論の高まりや保護者の負担感に気がつかず、ＰＴＡ不要論を自虐ネタにして、「不要と言われるんですよ！じゃ、卒業祝い饅頭どうするんですか？」そういう意味でもＰＴＡは必要なんですよ！」とドッシリ構えておられる会長さんもおられるようですが、「不要」「必要」の両派が対立してしまうと意見がまったくかみ合わず、結局価値観の違いが露呈されるだけです。ＰＴＡをうまく改革して「学校を楽しくする」チャンスを逃すのはもったいないことです。

ＰＴＡをよくするには何が必要？とよく聞かれますのでまとめてみました。

１　前例にとらわれずスリム化を恐れない勇気
２　異なる意見にも耳を澄ます本部役員の姿勢
３　学校や地域の理解や協力
４　ＰＴＡ活動に参加できない保護者も尊重する視点
５　真に迫られたＰＴＡ見直しの必要性
６　みんなが嫌がる雰囲気の役員選考会との訣別の意思
７　我が子にもよく言う、「他者への思いやりと寛容さ」

まだまだたくさんありますが究極は、やはりこれに尽きます。

8　校長先生のリーダーシップ、問題意識の高さ

結局校長先生の思いひとつで多くの保護者が救われます。全国の校長先生、よろしくお願いします。私たち10人より校長先生です。全ては校長先生がアクションを起こすかどうかです。

何かひとつ、自分たちの中にこだわりを持ちそのこだわりを大切な軸として動き出すと、それをきっかけにさまざまな事が回り出すものです。やり手の会長がいてくだされば一気に変えるという幸運なケースもありますが、そんな幸運を待っていては、解決するまでに自分が卒業してしまいます。もはやPTAの見直しは時代の要請です。

1　同意書、会費徴収法、ツッコミどころ満載のPTAだけれど、楽しければ（意味があれば）みんなやるんだ

2　PTAは私たちの敵でも何でもない

3　むしろPTAを大事にすれば、学校を子育てのパートナーにして共に3年間を過ごせる

という私たちが実際にやってみた結果を糧に他の学校でもPTAのあり方や存在意義が見直され、PTAが保護者の居心地の良い場所、子どもたちを真ん中にすえた対話の場所になれば素敵だな、と思います。

保護者も先生も誰だってお互いに分かり合いたいと思っています。最終的に目指すのは入学式の日の

親子の曇りのない笑顔です。

繰り返しになりますが、平成が幕を閉じようとしている今、私たちがＰＴＡを見直したことは画期的ではなく、もはや時代の要請、自然な流れでした。福本校長先生はＰＴＡ問題に特化したＰＴＡに造詣の深い先生だったわけではありません。これもまた先生の口癖ですが「生徒の笑顔のためにやれる事は労を惜しまずやりきる。出会った縁を感じ単純に生徒に喜んでもらいたい」その言葉どおり、その時その時在職した学校を良くしようとブルドーザーのごとく着任早々から学力向上、生徒指導、学習指導等の問題点の改善に取り組まれ、その中で常に一貫して感じられた「保護者を尊重する姿勢、保護者と同じ目線で考えること」その先にＰＴＡの見直しもあったのです。

人が見てようが見ていまいがそんな事は関係なし、相手が自分より上であろうが下であろうがそんな事も関係なし、目の前の生徒、保護者に誠実に対応するブレない姿勢は、お世話になった生徒たちにも引き継がれています。

今後私たちのＰＴＡは会費を必要最小限に見直し、保護者に加入の意志を確認する体制を整え、たとえ１００％全員入会は難しくても、限りなく１００％に近い加入率を目指すことになるでしょう。もうＰＴＡ会員ではないので、夢物語ではありますが、私の理想は加入率が１００％でなく、保護者のＰＴＡ役員率を１００％にすることです。みんなが堂々とＰＴＡ役員‼

そして「ＰＴＡでつらい思いをする保護者が平成の時代には、いたんやって！気の毒な話やね」って今のあちこちのＰＴＡのお悩み話が過去の話になる事を願っています。きっと近いうちに。

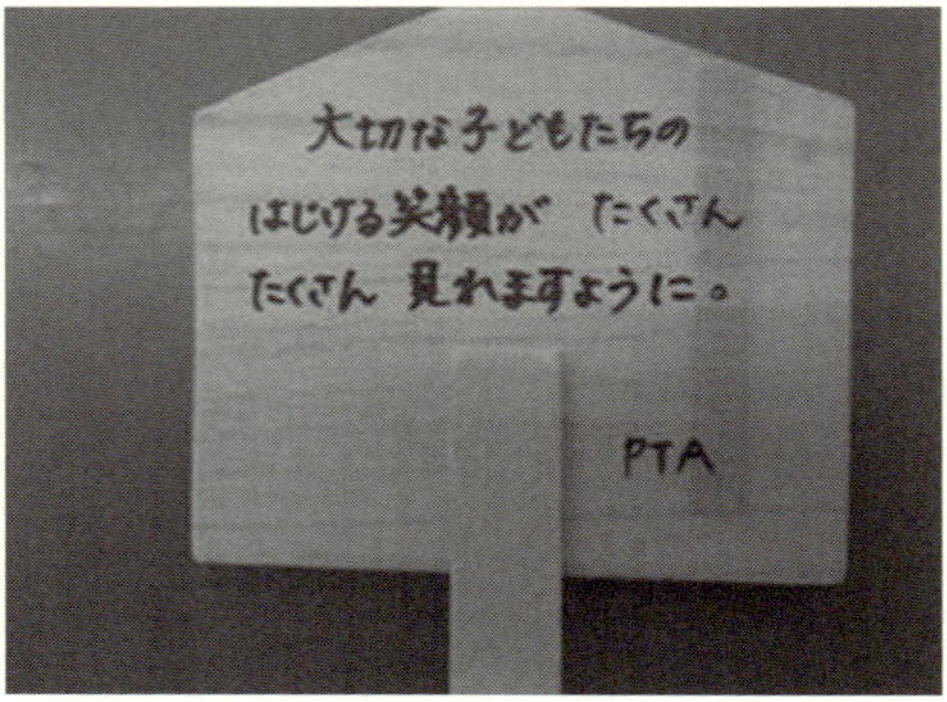
大切な子どもたちの
はじける笑顔が　たくさん
たくさん　見れますように。
PTA

第二部

先生の想い

第1章　ＰＴＡ改革顛末記

(1) キーワードは「子どものため」

２０１４年（平成26年）４月、私が神戸市立本多聞中学校の教頭として、今関さんがＰＴＡ副会長としての１年がスタートしました。

本多聞中学校は神戸市垂水区北部、ＪＲ舞子駅と神戸市営地下鉄学園都市駅の中間に位置し、校区のほとんどが宅地開発によってできた地域で、周辺を戸建てや集合住宅に囲まれています。２０１８年（平成30年）に創立35年を迎えました。「オールドニュータウン」問題として生徒数の減少が続いていましたが、数年前から、校区内にあったゴルフ場が大規模に宅地開発され、逆に生徒数が急増していま す。転入される家庭が多く、学校や教育に関する保護者の考え方も多様化しています。

私は前教頭の後任として、年度途中でしたが、その３か月前の１月に赴任し、すでに中学校のＰＴＡと向き合っていました。その時の会長はとても聡明な女性で、末のお子さんが間もなく卒業を控え、これまで３年間もの間会長を務めていました。急遽着任した私にとても親切に対応し、的確なアドバイスや細かな現状についての説明をしてくれました。そのおかげで、通常なら1年間ぐらい教頭をしないと理解できないようなことまで短期間で把握することができました。その会長の口癖が「ＰＴＡが学校や校長先生には迷惑をかけることができない」でした。そう聞くと何かひと昔前のやり方にこだわった考え方をしているように思うかもしれませんが、全く逆で、迷惑をかけられないからこそしっかりしなければいけないとの思いが強く、その分だけ、問題点や課題を的確に理解していました。この段階では、実際に改革に向けての動きはありませんでしたが、会長がこのように問題意識を持ち、状況を把握できていることが、その後のＰＴＡ改革に向けて大きな役割を果たしました。退任するときに、「先生とあと1年早く巡り会っていたら、いろいろなことが実現できたと思う」と言っていただいたことが、とても印象に残っています。

そして、4月になって新しいＰＴＡの体制がスタートしました。今関さんは副会長として加わり、会長には新たに女性の方が就任しました。この会長もとても明るく、極めて柔軟な方で、何を相談しても必ず前向きに肯定的に捉えてくれました。「子どもたちのためになるのなら、何でもＯＫ」というスタンスでした。

「子どもたちのため」これが後々キーワードになるのですが、この言葉の重みが大きな壁を崩す原動力になりました。

年度初めの4月当初、ＰＴＡに関して例年通りのゴタゴタを経験することになりました。そして、その時に今関さんは副会長として就任直後でしたが、中学校の現状に疑問を持つと同時に、小学校時代に取り組んでいたPTAの運営方法に言及しました。普通であれば、まだまだ時期尚早としてそのような意見は取り上げられないでしょうが、会長は積極的に理解を示し、自然な形で副会長の今関さんがPTAの見直し担当のような位置づけになっていきました。この会長の判断が、そこから始まるPTA組織や活動内容を大幅に見直していくという改革のスタートになりました。

昔に比べたらどの学校も、この2名の会長のように女性がPTA会長をする学校が圧倒的に増えています。それは形式的に男性を据えるよりも、やはり実務的なことを優先して判断しているからだと思います。したがって、その延長線上で気軽に考えて、組織や活動内容も形式的になっていないかをチェックするようにすれば、少しでも改革への道筋が見えてくるのではないかと考えます。

(2) 学校運営に保護者が参加する仕組みづくり

いよいよ改革のスタートです。私は以前から、PTAの組織としての矛盾や運営方法、実態について疑問は感じていましたが、それを一番の理由にして改革に取り組んだのではありません。どちらかといえば、保護者の忌憚のない意見を吸い上げて、学校運営に参加してもらう組織や仕組みが必要だと考えていました。その大きな目的のためにもPTAを変えていこうとしたので、おそらく最初は今関さんも、学校運営の基本としてPTAが位置づけられるようなスケールの大きな話になるのか実感がなかったかもしれません。そして改革の中身が具体的で、最終形があまりにも早く出てきて面食らったかもしれません。（29ページに関連項目）ただ、方向性は明確だったので、できること、必要とされることから取り組みながら、ＰＴＡ本部役員たちの対応を見守ることにしました。

そのような雰囲気の中で、さっそく、持ち上がったのが広報紙のことでした。広報紙は例年２回発行していました。夏休み前に発行する1号目は先生の紹介と各学年の宿泊行事の様子、冬休み前に発行する2号目は体育会・音楽コンクール・文化祭といった大きな行事の様子と何らかの特集、という内容です。神戸市立中学校ではほとんどの学校がほぼ同じパターンになっており、部数も、生徒数＋地域用＋神戸市内中学校、関係機関数＋予備、といった具合になっていました。例えば、生徒が６００人ぐらいの学校であれば千部作成するような感じです。この広報紙について、たまたま委員長になった保護者が、大きなプレッシャーを感じており、他の保護者からも以下のような批判的な意見が噴出していました。

「作成にかなりの労力がかかり、その係が一番敬遠されている」「学校関係者以外、誰が読むのか疑問」「印刷業者に出して写真製版なので費用が年間30万円もかかっている」「そもそも学校ホームページがあるのに」等々。しかし「先生の写真があるので名前と顔が一致するのでありがたい」「ひとことコメントで先生の人となりがうかがえる」「広報委員の仕事がなくなる」といった肯定的な意見も少なからずあがりました。

とにかく、ダメだと思うことを前例踏襲にしてしまうことは絶対に避けたかったので、変えることで起こる弊害をできるだけ減す工夫を考えながら、何らかの動きをすることにしました。そして、折衷案として、先生紹介など興味のある記事については簡単な原稿を学校が用意し、広報委員の活動として、活用が急速に広がっている学校ホームページの原稿を随時集めることを提案しました。従来の広報紙の制度を止めることで浮いてくる約30万円もの予算を使い他の活動をするといった新たな計画があったわけではなく、正直なところ、広報委員長の困った様子や、その他役員の声に現状を看過するのはおかしいと考えただけです。（22ページに関連項目）

(3) 広報紙、事実上廃刊！

結果として、6月にいきなり広報紙の事実上廃刊が決定したわけですが、廃刊に対する苦情やその後の大きな影響もなく、本部役員に対しては、逆に「よかった」という声が多く寄せられ、危惧していたことがばからしく思えるほどスムーズに進みました。本部役員にとっては、ある意味で何か拍子抜けしたような気分だったと思います。

広報紙については、私が着任する以前から、校区内の本多聞小学校が廃止していた関係で、中学校でも議論対象になっていたそうですが、結論を出すことができずにいたようです。今やホームページの時代なのに、なぜ紙ベースで費用をかけて、そして多くの労力を要して取り組むのか？多くの疑問が提示されながらも、毎年、無理して制作しできあがった広報紙を眺めると成果物のように一種の感慨に浸り、多くの課題を先送りしてしまう、という連続だったようです。

とにかく、この広報紙の対応で自信を深めたのか、その流れのまま、見直し議論が進みました。「広報紙以外でもいろいろな思いがあるはず！」この疑問がそのまま具体的な意識調査、つまりアンケートの実施に繋がりました。実はこのアンケートが改革に向けて大きな意味を持つようになります。ＰＴＡ問題は、「総論賛成各論反対」な要素が強く、関係者の多くは変える必要性を感じながらも、いざ具体的な話になると、「まあ、あってもええか」「まあ、なんとかなるか」となってしまうことが見直しを阻んできました。当然のことですが、今の時代にアンケートを取れば、これまで多く保護者が思っていたことが具体的かつ圧倒的な根拠として表に出てきます。つまり、「アンケートを取る」ということは、事実上、何かを変えていくことに舵を切ったことになり、完全に後戻りはできないのです。アンケートについて相談を受けた時に、内容よりもそのような覚悟を確認する必要がありました。

そして、「ＰＴＡあるある」の典型パターン、つまり一部の保護者だけで決めてしまうという批判をできるだけ回避するためには、回収率を高める必要がありました。そこで、ほとんどの保護者が来校する７月の個別懇談会に合わせてＰＴＡアンケートを実施することにしました。（31ページ参照）

ちょうど同じ時期に学校でも、学校評価アンケートを保護者向けに初めて実施することになりました。それまで、全体的に保護者から細かく意見を聞くという制度が無かったので、保護者にとって「ＰＴＡが変わる」というより「学校が変わる」というイメージの方が強く、抵抗感を感じることなく、自分の意見が言いやすかったかもしれません。また、生徒たちに対する授業評価アンケートが始まり、自分たちの授業の振り返りとともに教員もその結果を受けて授業を見直す取り組みをスタートさせたので、「ＰＴＡ改革」を変な意味で際立たせることなくアンケートが実施できました。

(4) 専門委員会を廃止することによる思わぬ副産物

保護者のＰＴＡ活動や組織に関する評価は、予想通りの厳しい結果でした。判断基準が「生徒たちのためになっているか」だったので、半分近くの活動が多数で否定されました。確かにすべての活動が直接的に子どもを前提にしたものとは限りませんが、「活動に意味を見出せない」と半数以上の保護者から指摘されたものを続ける整合性もなく、一気に改革への流れが決まったようでした。よくよく考えれば、少なくとも、社会環境が激変する中で何十年続くことを深く議論せずに継続すれば、形式的になるのはＰＴＡに限ったことではありません。

例年、各学級で3～4名程度選ばれるＰＴＡ学級役員（ほぼくじ引き等による強制ですが）は、それぞれの学年委員会に属するとともに広報（ＰＴＡ便り作成等々）、研修（フラワーアレンジメント研修等々の企画運営）、育成（夜間パトロール等々の企画運営）、文化（ベルマークの収集・集計等々）の4つの専門委員会いずれかに属することになっていました。そして、それらの活動の多くが、形式的で、あまり価値を見出せないとアンケートで指摘されたのです。感覚的には「ＰＴＡをやること」＝「雑務をこなすこと」になっていました。

このような活動を削減するとなると、それを前提とした組織も見直す必要がありました。結果的にこの動きが各専門委員会の廃止につながるのですが、6月に広報紙の廃刊を決定した時に「この後、広報委員は何をするの？」となったように、それぞれの活動が不要となれば、それに紐づく形の専門委員会の存在について議論になることは自然の流れでした。

また、専門委員会を廃止することで、思わぬ副産物ではないですが、当初の計画にはなかったことが可能になりました。これまでなら専門委員会の縛りがあるので新クラス発足後に学級役員を短期間で募集しなければなりませんでした。ただでさえ困難な役員選出が時間的制約を受けるために、さらに難しくなっていました。ところが、専門委員を想定しないのであれば、新2・3年生の保護者は、新年度を待たずに、例えば1月頃から立候補の検討が可能になり、友人と一緒に参加するようなこともできるようになりました。また、専門委員としての活動がなくなった分だけ、学年委員としての活動に専念でき、今回のＰＴＡ改革の核心である「子どもたちのため」の活動を強く意識できるようになりました。

(5) 学級役員選出はくじ引きでいいのか？

活動の不要論と合わせて大きな課題が、役員選出に関する不満でした。最近、特に報道などで話題になっていますが、ＰＴＡが任意の団体であることは、多くの保護者が認識していました。しかし、その法的な根拠を振りかざして、ＰＴＡ脱退とか拒否を声高に叫ぶ保護者はほとんどいません。それだけ「子どもも世話になっているし…」という感覚の保護者が圧倒的に多かったと思います。ただ、アンケートの自由記述などを見ると、学級役員選出に関してはその手法に疑問を感じる保護者が多く、「くじ引き」とか「3年間で1度の割当」のような平等論等が意味をなさないと感じました。

また、選出時の人権問題にも発展しそうなケースについては、例え任意団体とは言え、学校の教職員も会員である以上、容認できないことでもありました。例えば、くじ引きで当選し、辞退する場合は、引き受けられない理由を言わなくてはならず、「自分の父親が痴ほう症で徘徊が酷い」「夫の収入が減り、フルタイムで働かなくてはならない」等々、そこまでプライベートな理由を説明するように強制したわけではなく、辞退する側が詳しく説明しようとしたのかもしれませんが、このようなことは絶対に避けなければなりません。

それでは、どうしたら強制しない形で学級役員を引き受けてもらえるか。つまりできるだけ多くの立候補を実現するためには何が必要か、この議論に移るのですが、そこにこそ「子どもたちのため」になるという前提が必要です。当然ですが、不要とされるものを削減するだけでは、「子どもたちのため」にはなりません。また、活動を通して少しでも達成感を味わうようなことも同時に考えなくてはいけません。自分たちの活動が、目に見えて、また子どもたちからの話の中で、さらには噂としてでも肯定的に学校生活に反映されていることを実感できれば、保護者は労を惜しみません。

具体的には形式的な委員会をすべて廃止し、活動も年間2回のエントリー制に変え負担を大幅に軽減しました。その分、自分の子どもやその周辺に関する身近なことにアンテナを高く張ってもらい、気になること、話題にしたいことに関して意見を出すことが役割であるとの認識を持ってもらいました。そ

運営委員会

してこの運営委員会（月に1回、第2火曜午後）をすべての学級役員に開放し、事実上の委員総会としました。学校にとって耳の痛いことも含め、自由に率直に意見交換し、管理職、特に校長は必ず出席し、責任のある立場で丁寧に応えるようにしました。苦情に対応したり、情報を収集するだけでなく、校長として迷うような案件は逆にこの場を活用して積極的に意見を聞き、この運営委員会で出された保護者からの提案を迅速に可能な限り取り入れることで、参加した保護者は学校運営において一定の役割を果たした自覚が芽生え、さらなる協力へつながりました。（51ページに関連項目）

100% 難しいと思われても
何かできることはある。
何とかなる。 何とかする。

やっぱりPTA 見直しなんて大きな問題に首を突っ込むのが間違いかな… と行き詰まった時に「ま、できる事からやろか」と思い直せた言葉。
何とかなる。と言われると何とかなりそうな気持ちになるものです。
何とかする。と言い切れば自分に覚悟もでき、シャキーンと背筋が伸びます!

第2章　ＰＴＡ改革は時代のニーズ

(1) しがらみのない転任教頭とスーパーボランティア

「なぜ、ＰＴＡ改革に取り組んだのですか？」これまで本当によく聞かれました。

おそらく、多くの学校やＰＴＡ関係者にとって、「ＰＴＡ改革」はいずれ登らなければならないことがわかっていながら、なかなかその方法や入口が見えにくい大きな山のような存在だと思います。そして、この質問には、その大きな山を見上げながら戸惑っている人たちのヒントになるかもしれない、という大きな期待も込められているようです。

当然、私個人だけで道が開けたわけではなく、当時、関係した教職員やＰＴＡ役員の方々の協力や理解があってこそスタートできたのですが、特に、今関さんという〝スーパーボランティア〟がいたことは、とても大きな要因です。彼女は、ボランティア精神に富み、発想も柔軟で多方面に気を配りながら、丁寧に対応する反面、時として正面突破していくような行動力も持ち合わせており、まさにＰＴＡ改革にはうってつけのような人でした。実際に、小学校時代、ＰＴＡ活動に対する矛盾について、看過するのではなく同意してくれる保護者を上手く巻き込みながら、できることをひとつずつ積み重ねるように実行していました。ＰＴＡを変えることが、これまで何十年とできないからと言って、強引に何でもかんでも破壊するような感覚では上手くいきません。その一方で、「急がば回れ」的に配慮を重ねていると、永久に回った状態になってしまいます。

また、私が当時の中学校へは、年末に前職の教頭先生が急逝されるという予期せぬ形で年度途中の1月に着任したことに加え、校長先生が対外的に大きな役職をいくつも抱えておられ、否応なしに学校現場では教頭の私が強いリーダーシップを発揮する必要がありました。そのことが逆に学校が抱える問題点や課題をそれまでのしがらみに縛られることなく明確にし、実質的な対応をゼロベースで考えることができました。管理職もその学校に慣れてくるとついつい前例踏襲に逃げてしまいがちですが、前例にどっぷりとつかる前に矛盾や課題に敏感でいることも大切です。

さらに、短期間に諸課題に対する有効な取り組みを次々に実現すれば、職員も少なからず信頼を寄せてくれるようになり、ＰＴＡ改革もその一部として全面的に協力してくれました。

(2) タブー視される学校と保護者との意見交換

そして、そのような環境的なことに加えて、もうひとつ大きな要因があります。そもそも私にとってのＰＴＡ改革は、ＰＴＡを変えることそのものが目的ではありませんでした。それまでの教員、管理職、教育委員会指導主事、それぞれのステージで向き合ってきた教育課題と取り組む中で、最終的にＰＴＡを変えて、新しい保護者との距離感をつかむことが学校にとって、あらゆる教育諸課題の解決に必要であると考えたことが大きなきっかけとなっています。

私は２００８年（平成20年）４月に、新任の教頭としてある中学校に赴任しました。その中学校は、当時、問題行動件数が市内でも断トツで、完全に校内秩序が崩壊していました。教員たちは、日々、問題行動を起こす生徒の後をただ追いかけて、対処療法を繰り返しながら疲弊していました。こうなると、保護者たちも不信感を募らせ、問題行動を繰り返す生徒の保護者、なんとかしたいと考える保護者、ただ傍観している保護者、そのような生徒を嫌悪する保護者等に分裂し、それぞれが、それぞれの理由で学校に対し非協力的で批判的な立ち位置を取りました。学校は生徒への対応だけでも相当な労力を要する上に、ばらばらな保護者への対応などできるはずもなく、完全に悪循環に陥っていました。そこで、まず取り組んだのが、保護者組織の立て直しでした。自分の子どもの状況に関係なく、全体として校内秩序の回復に向けて忌憚のない意見交換をしてもらえるよう工夫しました。

それまでの組織や考え方では、このような意見交換は不可能と言うかタブー視されていました。その理由は簡単です。もしそのような場を設定すれば、迷惑をかけている生徒やその保護者への厳しい批判や不満が出され、同時に管理・監督するべき立場としての学校の責任も追及されるからです。実際に当初は懸念されたことも起こりかけましたが、議論を重ねるうちに、これまで対立し交わろうとしなかった保護者たちが、結果的にはどの立場であっても、現状に対しつらくて苦しい思いをしていることが理解できるようになり、互いの非難の前に、本音で建設的な意見や思いやりの言葉をかけてくれるようになりました。また、学校に対しても一方的な不満だけでなく、対応のプロセスや今後の方針について前向きな意見を出すようになりました。このように学校や保護者が一枚岩になれば、問題行動を繰り返していた生徒たちは、世間の常識という圧力を全面に受けることになり、これまで都合よく隙間をつくように、好き勝手にできたわがままが少しずつ通用しなくなり、確実に変化していきました。

生徒指導はその言葉の示すように生徒への指導ですが、今の時代には、その保護者へのアプローチも非常に重要です。そして、その役割を教員だけが担うのではなく、学校環境の維持向上という観点でも、当事者である他の保護者が何らかの役割を担うことも必要であり効果的だと考えます。

また、本多聞中学校の教頭として赴任する前の２０１４年（平成26年）１月まで、教育委員会事務局で勤務していたのですが、その直近で私が担当していたのが「家庭学習の推進」というテーマでした。学校現場では、学力向上や拡大する学力差への対応として、「家庭学習」は無視できない大きな存在であり、さまざまな努力や工夫をしていますが、どうしても限られた条件の中でなかなか成果を上げることができていません。各地の教育委員会の施策をいろいろと勉強したのですが、「家庭学習」という授業以外のことを想定する際に、千差万別の家庭状況を考慮するがゆえに、統一した効果的な取り組みが困難になっていることを痛感しました。もし、保護者に対し、ある程度の標準化された理解と協力を得ることができれば、授業と連動した家庭学習の実現が可能になります。そのためには、できるだけ多くの保護者が学校の新しい施策（学習支援ツールや放課後学習等々）について理解してもらう必要がありました。これまでなら、プリントを配布する程度の周知方法しかなく、興味のある一部の保護者にしか理解が進まず、結果的に標準化などほど遠い状況でした。しかし、新たな組織では、保護者の約10分の１が直接内容を確認し、そこからメールやライン等のＳＮＳも活用されながら発信されるので意見共有や情報伝達がより正確にスムーズになり、学校が説明する内容がリアルタイムで多くの保護者に伝わりました。その結果、興味関心が高まるだけでなく、自分たちで企画する保護者向け研修会が実施されるなど周知レベルが格段に上がりました。そのようなことを通して、施策を前提とした全体的な指導も可能になり、確実に学習指導における幅が大きく広がったのです。

このように生徒指導でも学習指導でも、課題が山積しているからこそ、灯台下暗しではないですが、最大の当事者である保護者へのアプローチを考え直さなくてはならず、学校と各保護者が縦糸のみでつながれて、こんがらがっている関係をうまく保護者同士の横糸で紡げば、学校にとってこれほど強力な支援組織はないわけであり、ＰＴＡ組織を大胆に改革し、横糸の役割を持たそうと考えました。したがってＰＴＡを変えるという発想の原動力は、ＰＴＡがダメだからではなく、学校が抱えるさまざまな教育課題に対してＰＴＡしかないという思いがもともと強くあったことです。

⑶　教員の多忙化に拍車をかけるＰＴＡ対応

文部科学省が２０１６年度の教員勤務実態調査結果を公表し、国が示す「過労死ライン」に達する週

20時間以上の「残業」をした教諭は中学校で約58％に上ることが明らかになりました。その要因はさまざまですが、部活動や授業内容の増加が主なものとされています。ただ、それ以外にも、家庭や地域社会の教育力の低下に伴う、子どもたちの基本的な生活習慣の育成に関する業務が急増しています。それに拍車をかけるように、保護者の中には、教員に対して一定の目に見える教育成果をあげることを求める傾向も強まっています。

このような状況下で、ＰＴＡ活動は行事のお手伝い等の学校を支援する側面を持つ一方で、ルーティーンワークをこなすために学校の教員がその活動を支援しなくてはならない現状もあります。

学校や教員にとっても、4月の初め「さあ、これから新学年のスタート！」という時期に繰り広げられる学級役員決定のトラブルやそれに対する保護者の嫌悪感を肌身で感じることは、申し訳ない気持ちや何か気まずい思いがして、とてもしんどいことです。学校によっては、役員決めのくじ引きを欠席者に代わって担任がひいたり、引き受けの承諾書を担任が家庭訪問をして集めたりするようなところもあります。また、この時のことが原因でそれまで仲の良かった親同士が口も利かなくなるなど、子どもたちが心を痛めるような事態に発展するケースや、担任が逆恨みされるようなことも起こっています。

このような年度当初のドタバタを受けて、「そろそろＰＴＡを見直さなあかんよね」という会話は教員間でも、保護者間でも、どの学校でも、あちらこちらで聞かれますが、しかし「のど元過ぎれば…」でＰＴＡ総会が実施される5月半ばには、「まあ、とりあえず今年1年は…」という感覚になったり、ＯＢの中に、「自分たちはこれだけ頑張ったんだからあなたたちもできるはず」という引き継ぎをする人もいて、「しんどかったこと、つらかったこと」＝「頑張った」と解釈されると、見直しの機運が一気に薄れてしまうようです。

学校も見直しが必要なことは重々承知しているのですが、「任意の団体だから口出しは…」という言い訳のもと腰が引けているのが現状です。また、見直しに取り組むにしても、改正案の検討、作成、議論から結論、手続きが1年では難しい規約になっており、結果的に、管理職の在職期間との兼ね合いもあり、よほど思い切って強引に取り組まない限り、進めにくい側面もあります。また、教員たちからも見直しの意見は出ています。特に専門委員会を担当する教員たちはその負担が大きいようです。専門委員長になった保護者が前向きにやる人ならばいいのですが、中にはすべて担当の教員に丸投げすることも少なくありません。そうなると結果的には教員の仕事になってしまいます。専門委員会を担当しない教員たちも何かとＰＴＡ行事や活動に駆り出されることがあり、最近では、その活動が「子どもたちのため」になっているのかという「費用対効果」的な観点、教員本来の業務としての観点等々から、疑問を持つ教員が増えているのも事実です。

そして、最も関与するのが、通常業務だけでも忙しい教頭です。ＰＴＡ全般の事務について、ほとんどの学校は教頭が中心に対応します。その事務量の多さは尋常ではありません。さまざまな申請や調整、自校のことだけでなく区の活動、市の活動のことまでも処理する必要があります。日頃から学校行事やその他で助けてもらうこともあり、また生徒たちの保護者でもありますから、できるだけ笑顔で対応していますが、任意団体と言いながら事務局としての教頭抜きには、成り立たないのが現状です。

(4) 保護者の気持ちは「子どもが通っているから変に思われたくない」

多くの保護者が、特に何かない限り「子どもが通っているから変に思われたくない」という感覚もあり、全体的なことで学校にあまり意見を言いません。その一方で、昔に比べると、教員が頼りなく見られているのか、保護者の自己主張が強くなったのか、自分の子どものことに関して、個人的な要望を出す保護者は確実に増えています。そして、その内容は極めて個人的な傾向が強く、公平性を担保しなければならない学校にとって判断が難しいことも多くなっています。できるだけ何事も柔軟に対応するようにしていますが、そのさじ加減がファジーで明確な基準がないため、その場対応が多くなっています。

また、そのような個人的なことではなく、学校全体に関わるようなことについても、ＰＴＡが組織として、何か要求や改善を促すようなことはあまりありません。もし、学校運営に関わるようなことを代表して学校に意見するとすれば、現状では、それを担うのは、十数名の本部役員だと考えられます。どちらかというと学校にとって都合が悪いことはあまり指摘せず、「こんなこと正論だけど、校長先生たち困るかな?」というような判断が優先しています。そのような配慮は、学校にとって、一時的にはとても有難いことであるように思えますが、長いスパンで考えた時には、問題を複雑にし、事態を深刻化する可能性も秘めているのです。

しんどい時こそ人のために、
人の笑顔のために
汗をかける人間に。

「調子の良い時に張り切るのはもちろんのこと、しんど～い、めんどくさ～い状況の時こそ、それで助かる人が１人でもいるのなら見過ごすのでなく真正面から目の前の問題に取り組めばいいねん!」よく先生はそういいながら金魚の世話をしておられました。

(5) PTAは本当に不要なのか?

あれもこれも不要となれば、最終的にPTAそのものを廃止しようとする動きが出てくるのではないか。実際にPTAがない学校もあるわけで、十分に想定されるものでした。

9月以降、今関さんら本部役員が中心となって、アンケート結果などを基に、見直し議論が本格化しました。その都度、アドバイスを求められ、学校の立場からいろいろと発言しましたが、特に強調したのが「今の時代だからこそ新しい形のPTAが必要です」ということでした。

学校は現在、多忙化、不登校、いじめ等々が連日マスコミにも取り上げられるように諸問題が山積しています。そして多くの関係機関が、学校や教員のあり方について盛んに議論し、意見を出していますが、実際には、閉塞感が漂い、正直多くの教員がこれ以上どうしたらいいのかという疑問を抱いています。その大きな原因は、子どもにとって最大の支援者であり、理解者である保護者の考えること、すべきことがその議論に入らず、学校が抱える諸問題の解決に関し当事者となっていないことだと思います。なんでもかんでも「学校の管理下」という概念が強すぎて、学校においてすべて完結すべきだ、との理想論が席巻しています。そういうことはもともと不可能であり、子どもたちは学校で生活する8時間以外にも大きな影響を受けています。これまでのような学校＝オールマイティのような状況ではないことを、子どもに関係する周囲の大人たちがしっかりと理解するべきです。その上で、保護者を当事者として堂々と学校教育現場で役割を果たしてもらうために、PTAを根本的に改革し、新しい組織として、教職員と両輪の関係を築き、学校運営に関わるようにするべきです。

(6) ほぼ立候補で決定したPTA学級役員

本多聞中学校では、２０１４年（平成26年度）以降、現在までＰＴＡ学級役員はほぼ立候補という形で決定しました。その中で、リピーターが多数を占め、やりがいを感じてもらえる活動になっていることは間違いないようです。また、内容を大幅に見直したことが、活動の停滞や減少を招くのではなく、逆に活性化にもつながっています。

例えば、例年、仕方なく取り組んでいた研修は、研修委員会そのものがなくなればゼロになるはずが、子どもを取り巻く諸問題をみんなで考える中で、「こんな議題で研修しよう」と自発的に研修が企画され、「携帯電話」「進路」等をテーマにした研修会が結果的に増えました。このように、保護者の意向が学校の中で反映されるようになると、保護者の当事者意識が高まり、これまでは、個々の家庭に対してすべて学校が解決に努力しなければならなかったことに、他の保護者が力を貸してくれるようになり、円滑な学校運営に大きく寄与しています。また、ＰＴＡ改革によって熟成された「子どもたちのため」という意識が、学校のその他の改革にも大きな影響を与えるようになりました。例えば、放課後や長期休暇中に実施している補充教室や図書室の開放などに、多くの保護者がボランティアで参加してくれるようになったのです。

本音で言えば、ＰＴＡ運営委員会は、議題に関して制限なし、事前相談なしで行われるために、時として、返答に窮する質問があったり、職員会議よりも先に議論することも出てきます。これまでの学校文化からすると「順番が違うでしょう」と職員から指摘されてしまうかもしれませんが、そのような対立は全くありませんでした。それは、職員が「校長が職員の意見や意思を無視するようなことはしない」、「逆に職員が抱えるような課題を敢えて先行して対応している」等々の認識を持ち、校長を信頼して、ある程度の裁量権を与えてくれているからです。実際に、校長が先頭に立って動いている姿やクレームが激減する事実など、目に見えた形で結果を残していることも職員の支持につながっていると考えます。

自分の予想は覆ることがあり、
違うことは当たり前。

いつも予定通り物事が進むわけはなく、むしろ違った結果の時にこそどうするかが大切…　活動をするなかで、よかれと思ってやっても保護者の反応が予想と違う時もありました。
計画通りに行かないことに一喜一憂せずに、次を考えればよいだけ、と身をもって学びました。
PTA だけでなく子育ての中で何度も反芻した言葉です。

第3章　保護者の意見はアイディアの宝庫

(1) 保護者の提案で実現したネット教材の家庭配信

神戸市では、２０１７年（平成29年度）から、全中学生にＩＤとパスワードを配布し、学校外、特に家庭からネットで専用のページにアクセスして、５教科の教科書に準拠したプリントを自由に取り出したり、それぞれの授業内容についてアニメによる簡単な解説を見ることが可能になりました。

この施策は、私が２０１４年（平成26年）に本多聞中学校で独自に取り組んでいたものですが、その効果を検証したところ、大きな成果が見込めるとの判断があり、教育委員会が市全体として予算化し取り組むようになりました。拡大する学力差や教員の多忙化問題等々、最近の教育課題に対応する新たな学習形態として注目されています。

実は、当初このシステムは学校内だけで活用できるものとして業者が開発したものでした。つまり、学校のパソコンルームで生徒が使ったり、職員室で教員が教材作成用に使ったりすることを想定していました。これだけでも、生徒の自主的で系統的な学習の推進、プリントの著作権対策等々、画期的なも

夜間研修会

のでしたが、ＰＴＡ運営委員会でその話題になった時に、ある保護者が「最近、子どもが学校のパソコンルームでさせてもらっている勉強が楽しいらしいので、自分たちも体験したい」との声が出ました。さっそく、翌月の運営委員会の開始30分前に希望者はパソコンルームに集まってもらい、簡単な研修会をしました。すると多くの保護者が異口同音に、「家でもできないの？」との質問というか要望が出ました。

そこで、ダメ元半分ですぐに業者に相談したところ、ちょうどその頃、業者も学校外から自由にアクセスできる仕組みを開発していました。すでに試行段階まで来ていたので、計画を前倒しして、初の試験導入として本多聞中学校での活用が始まりました。このようにして家庭配信（個人配信）が実現したのです。

中学生にもなると進路のこともあり、子どもの学力はとても気になります。ただ学習内容も難しくなり、学校や塾に任せるしか仕方がないと考えていた保護者が、このシステムを使用すれば、家庭でも的確なアドバイスや支援ができる可能性について再認識するようになりました。ネット環境さえあれば24時間、どこでも使用できるので、それぞれの家庭の事情に合わせて活用できるシステムはフレックスなことが要求される現代社会では、大きな利点になりました。

(2) 放課後、学校に残ることはダメなのですか?

これまで、学校は管理上の問題から、生徒が放課後に部活動や生徒会活動以外で残ることをあまり認めない傾向にありました。学力的な問題で担任が残すにしても、部活動への配慮から極めて限定的なものになっていました。

保護者と生徒の放課後の過ごし方について話し合った時に、「なぜ学校に残ることはダメなのですか」「例えば、雨天の日に、外で部活動ができない時などは教室で勉強できないですか」「家に帰ってきても、だらだらするだけ」等々の意見をいただきました。十数年前、学校が荒れていた時、生徒が放課後に何をするでもなく校内に残れば、校舎の隅で喫煙したり、トイレ等に落書きしたりすることが多く、秩序を保つためにはできるだけ死角を作らないようにしていました。つまり、「部活動以外で、どの生徒が何のために残っているか」を明確に把握しなければなりませんでした。もし、理由もなく部活動以外で残っていれば、まさに強制退去処分みたいな状態です。その名残もあり、生徒が校内に居残りすることに抵抗を感じる教員は現在でも少なくありません。

しかし、その日に学習したことを簡単に復習したり、確認する作業はとても意味のあることです。また、ネット配信が実施され、家庭にネット環境の整わない生徒のためにも、学校のパソコンルームを活用することは必須の課題でした。何より、生徒たちが自分で考え自分で判断する環境を整え、できるだけ教員から指示されずに動くことができる機会を作ることは、今、生徒たちが最も求められている課題でもありました。

その一方で、中学生にとって部活動はとても大切なものであり、教育的効果も高いことは間違いありません。しかし、多忙化問題がクローズアップされ、これまでのような形で部活動が運営されないことも事実です。神戸市では２０１８年（平成30年度）から、毎週水曜日は部活動が休止になり、土日の活動も厳密になっています。いずれにせよ、部活動のない放課後や増えた休日の過ごし方について考えていかなくてはならない時代になっています。

そのような流れの中で、現任校では職員と検討した結果、学校に支障のない日は可能な限り、放課後にパソコンルームを開放して、希望する生徒に活用（学習）させることにしました。ここで課題となったことが、「部活動との兼ね合いはどうするか」「誰が付き添うのか」でした。当然、水曜日以外は部活動が優先で、参加については多少のルールを設定することにしました。部活度に取り組む姿勢が中途半端にならないように、但し、それぞれの生徒の状況や保護者の意向、部活動顧問の考えなどを考慮して、個別に対応する柔軟性を持つことは共通理解しました。さらに、パソコンルームの監督については、保護者を中心に教員以外のボランティアを募集したり、教員も部活動に複数の顧問がいる場合は、役割を分担するなどして対応することになりました。ほとんどの学校は、部活動が休みの水曜日に職員会議等を設定しているので、生徒たちは「完全下校」となり、学校で放課後に独自の勉強をする体制がまだまだできていませんが、現任校では水曜日にどんな会議があっても、外部人材を活用するなどしてユーザー目線を大切にし、つまり生徒や保護者の利便性を考えパソコンルームを開設しています。

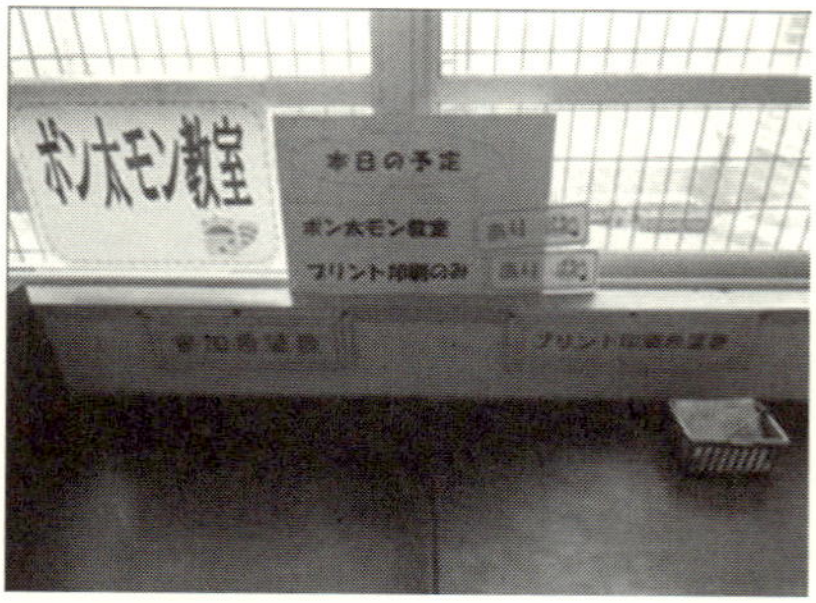

パソコンルームを開放して
放課後学習に活用

(3) 吉本興業の漫才師による、笑いのチカラで学校力ＵＰ大作戦

運営委員会で生徒の様子をざっくばらんに意見交換している中で、「最近、生徒の笑顔が少ない」とか「親にも感情を出さない」という話になり、ある保護者が「最近は学校で映画や落語・漫才を見る機会はないのですね」と質問し、それに呼応する形で、別の保護者も「自分たちの時に見た劇の内容をまだ覚えています」と補足しました。

１９９８年（平成10年）ごろまで、今の保護者が中学生の頃、神戸でも多くの学校が「文化鑑賞」として、３年のローテションを組んで、映画や落語・漫才、演劇などを体育館や学校近くの文化施設で生徒に見せていました。生徒たちはその道のプロフェッショナルの生の演劇や演奏の迫力に感動し、時には涙を流し、楽しい落語・漫才では腹を抱えて笑い、とても有意義な時間を過ごしていました。おそらく、発言した保護者は鮮明に思い出として残っていたのだと思います。

そのような「文化鑑賞」には30～40万円近くの費用が掛ります。有名な人だとさらに高額になります。かつて各学校の生徒数が多かった時代は、一人頭に集めるお金も少なくて済みましたが、今は平均すると生徒数が半減しており、同じことをするためには大きな負担となります。さらに授業時数の問題で行事削減が進み、どの学校も「文化鑑賞」を止めるようになりました。そのような現実を運営委員会で説明し、保護者の了解を取ったものの、私の中では何か全校生徒が楽しめるようなもの、特に「お笑い」を通して、コミュニケーション能力を高め、課題となっている「いじめ」や「キレる」という行動に間

接的にでも対応できないか、という思いが強くなりました。

そこで、たまたま教え子たちが漫才師として吉本興業に所属していたので、尋ねてみたところ「売れていない」こともあり、ある程度の予算内で対応が可能だということがわかり、さっそくマネージャーとともに来校してもらい詳細を確認しました。
・学期末考査の最終日、考査終了後に1時間程度の出演。年間3回。
・出演者は自分たちの演芸のほかに、ゲーム等で可能な限り生徒や教員も巻き込んだ内容にする。
・継続する利点を生かし、学年の枠を超えて一体感のあるものにしてほしい。
・日常を題材に笑いの楽しさ、コミュニケーションのコツなどが伝わるようにしてほしい。
吉本興業も地域貢献や学校教育という観点から、他の営業に比べると格安の料金で対応してくれ、生徒にとっても忙しい学校生活の中でホッとする時間であったり、普段見ることのできない友だちや先生の楽しい様子を見て笑顔になることができています。（64ページに関連項目）

記者提供資料

笑いのチカラで学校力UP大作戦

1、概要

お笑い芸人が年に数回、定期的（1か月～2か月に1回）に学校を訪問し、体育館で全校生を相手に自分のネタを披露したり、生徒や先生も巻き込んで楽しい時間を過ごす。

具体的実施例として、オープニング（10分）－季節や学校行事に触れながら、主に芸人のネタを披露する。ウオーミングアップ、リクエストタイム（10分）－投稿ボックスに入れてあったものをたたき台にして、生徒たちと触れ合う。お笑いクリニック（15分）－漫才台本を使って生徒がお笑いに挑戦。芸人は相方になったりしてアシストする。ゲームタイム（15分）－各学年や学級から希望者を募り、芸人が主導してお笑いゲームをする。

2、ねらい

他人を思いやる優しさや余裕を持つことができず、すぐに感情的になってしまう生徒が増え、学級や学年の中で良好な人間関係を維持することが難しくなっている。いじめや学級崩壊の問題もこのような状況が大きく影響していると考えられる。

そこで、キーワードを「知参知笑」と設定し、「お笑い」を通して、これまで体験しなかった感情や気持ちの交流を図り、互いの存在をしっかりと認識し合う。そして、仲間意識や所属意識を高めるとともに、個々のコミュニケーション能力を向上させ、不要な争いや誤解を生まない集団作りに結び付ける。

3、開催（平成27年度第1回目）

日時：平成27年5月22日（金）　11:00開始
場所：神戸市立本多聞中学校　体育館
住所　神戸市垂水区本多聞2丁目16-1

4、備考（成果）

これまでの実績として、平成26年度、本多聞中学校では11月から3月まで、計5回で実施した。
主な生徒の感想として、「毎月の開催日が楽しみだ」「友達のおもいしろい面が見れて楽しかった」「先生が意外におもしいことがわかった」「クラスでもお笑いが増えた」「結構すべるけどおもしろい」等々があった。また教員の感想も「おとなしい生徒たちが少し積極的になった」「学校の中に笑いが増えた」「ある意味で予期せぬスターが誕生した」となっている。
また、継続的な開催なので芸人と生徒たちの人間関係が深まり、回を追うごとに生徒が気軽に舞台に上がるようになった。

(4) 多忙化を緩和する採点支援ソフトの導入

最近マスメディアで取り上げられることもあり、運営委員会では「先生の多忙化」がよく話題になります。単に「忙しい」というより、教員が何をしているかを具体的に紹介すると、「そんなことまでしているのですか?」という感想が多いように感じます。兄弟が多く、学校をよく知っているはずのベテラン保護者も案外知りません。

運営委員会では、要望を聞くだけではなく、学校からのお願いも多くあります。特に最近は、これまで教員が無理をしてきたことで、あまり効果が期待できないものや、代替できるもの、等々を具体的に説明することで、精選しやすくなっています。また、保護者も積極的に多忙化対策について提案してくれるようになりました。

そして指摘されたのが、テストの採点や集計についてでした。家族にそのようなことに詳しいものがいるという保護者が「教員の採点業務もＩＴの力を借りれば大きく負担が減るのでは?絶対にできるはず」と提案がありました。それをきっかけに、後日、マークシートの集計で実績のある会社が採点支援のための新たなシステムを開発し、実用に向けて取り組んでいることを知りました。テストの採点、集計の労力は多忙化の中でも大きなウエイトを占めており、そこにメスを入れることができれば、大きな成果であり、教員も実感として捉えることが可能です。

さっそく、業者と連絡を取り、職員室に環境を整えたところ、1年足らずで、半数近くの教員がそのシステムやソフトを使って採点や集計に取り組んでいます。その話を聞いた市内の約20校の中学校から現任校に見学や問い合わせをしてくるようになっています。

この採点支援ソフトは教員の負担を減らすだけでなく、例えば設問ごとの正答率を容易に出すことができたり、教科間連携によって、個人票などの作成に結びつくなど、生徒の学力向上や教員の授業の振り返りなどにも大きな役割を果たすことが期待されています。

日頃から見えにくいものを、どれだけ見ようとするか。

見えているものだけで判断するのは簡単です。でも大切な事はその陰に潜んでいるからそこを見てこそ本質が見えてくる、と生徒たちの集団生活のさまざまな場面で細やかに対応されているのを目の当たりにしました。
また、ホントは見えている時もあります。子どもたちの反応、運営委員会での保護者の反応に隠れている違和感や、見ないようにしてやり過ごせる困り感の空気を丁寧に拾うことを心掛けるキッカケになった言葉です。

第４章　これから取り組む学校へのアドバイス

(1) 保護者の意見とその対応　10の実例

ＰＴＡ改革に取り組んだ本多聞中学校では、結果的に教頭1年、校長2年の計3年間勤務し、今関さんのような改革に前向きな保護者と出会い、さらに隣接する小学校である程度の実践がスタートしていたなどの条件に恵まれて、改革に取り組むことができました。

それでは、一般の学校でこのような改革がスムーズに進むのか？ＰＴＡ問題に関心のある方々にとっては、最も聞きたいことかもしれません。そこで、私が現任校で取り組んだ経過を説明したいと思います。

２０１６年（平成28年度）の教育委員会事務局勤務を経て、２０１７年（平成29年）4月に、２校目として現任校に赴任しました。この学校のＰＴＡ組織は、他の中学校とほぼ同じような内容で、会則の変更も創立以来ほとんど行われていないなど、旧態依然としたものでした。当然、新学期の学級役員決めでの問題があり、本部役員たちが苦労していました。多くの学校がそうであるように、自己犠牲精神の強い数名の本部役員たちが、例年通りのことをいかに合理的に踏襲していくか、そこにポイントを置いて、「変える」という発想やそのために費やすエネルギーまで余裕がないというのが正直なところでした。

4月の着任早々から、「ＰＴＡを変えます」とアドバルーンを上げたところで、信頼してもらえるはずもなく、まずはお互いを理解することから始めました。可能な限り、本部役員たちとコミュニケーションを図り、学校が抱えている課題や子育て、教育に関する一般論まで幅広く意見交換しました。そこから見えてくるものを丁寧に拾い集め、保護者側から見た学校の実態やＰＴＡ活動に関する課題の把握に全力を注ぎました。

そして5月初めの総会で、ＰＴＡの新組織や２０１７年（29年度）の活動内容や予算が承認され、新しい体制がスタートしたことに合わせて、その直後の最初の運営委員会で、前任の中学校で行ったＰＴＡ改革について簡単に説明しました。学級役員を立候補で選出できるように組織を改革したことと、ＰＴＡが保護者の代表として学校運営に参画することを目指していることなどを伝えました。但し、あくまでも参考であり、機が熟さないのに無理に改革を強制したり、何が何でも前任校のスタイルを目指すものではないことも強調しました。本部役員たちは、ある意味荒唐無稽のように感じたかもしれませんし、前任校だからできたのであって、自分たちの学校にはあてはまらないと思ったかもしれません。何より、ＰＴＡ全般に、いろいろとトラブルはあっても、何とか形が整う程度にはやれているとの認識が強かったようで、特に目立った反応はありませんでした。

ＰＴＡ改革に向けた強制はしないという中で、ひとつだけお願いをしました。現行のＰＴＡ運営委員会の中で、できるだけ多くの意見や疑問を出してほしいということを提案したのです。学校が主導してわざわざ都合の悪いことでも、マイナスなことでも堂々と議論することを望んだことで、最初は躊躇していましたが、ある意味で新鮮なこともあり、念を押すように「どうぞ、ご指摘ください」とお願いすれば、逆に本部役員だからこそ、いろいろなことが出てきました。それまではどちらかというと一方通行の連絡伝達だけだった委員会が、議論のやり取りがあり、どんな結論になるかわからないことで活発な会になっていきました。

出された主な疑問や要望と、それに対する回答と対応結果を紹介しましょう。

Q1：全校朝礼は常にグランドですが、暑い時は倒れる子もいるのですが？

A：至急に対応します。

➡翌月から全校朝集は天気に関係なく体育館で実施するように変更した。

Q2：サッカー部や野球部の更衣について、荷物（制服やカバン）の置き場所が埃まみれになるのですが？

Q3：立地条件からか、校舎周りのぬかるみが酷いです。さまざまな活動がそれによって制限されていますが？

A：アスファルト化がベストですが、多額の費用がかかり学校単独では難しいです。
⬇教育委員会と粘り強く折衝し、7月に校舎周りをアスファルト舗装が実現した。

Q4：○年の△科の授業が分かりにくいという声が結構ありますが？
A：該当の授業の担当教員としっかり話し合い、授業改善を促します。今年度から生徒による授業評価を実施し的確に状況も把握します。
⬇7月と12月に生徒による授業評価アンケートを実施、それに基づく夏季研修会を実施した。
⬇さらに各普通教室に50インチのディスプレイ（テレビ）を設置するなどハード面での環境整備に取り組んだ。

Q5：部活動後の下校は体操服のままはダメでしょうか？
A：学校生活に関することなので、職員会議に諮り、その後生徒会に提案し、生徒会でルールを作って対応します。十分に検討するべき事柄です。
⬇職員会議で了承し、翌年度からではなく、できるだけ早く（10月）から実現した。

Q6：冬の女子の靴下について、防寒として無地のハイソックスはダメでしょうか？
A：現状、靴に埋もれているような短いものを着用する傾向が強く、その点で「白色で、くるぶしが隠れる程度」という規定で対応しています。今後、防寒用としてタイツも含め検討を始めているところです。

⬇翌年度の検討事項として確認

Q7：英検・漢検の準会場として学校を利用すれば、合格率も上がるのでは？

A：10年ぐらい前までは、ほとんどの中学校が英検の準会場となっていましたが、報酬や休日の勤務の問題、さらに特定団体の主催に関する問題等で、現在はほとんどの中学校で実施していないようです。希望者が特に多いようであれば検討します。

⬇生徒の意欲向上を狙いに11月から実施。

Q8：ネット配信教材の活用が広がるように対策をしてほしい。

A：現在、総アクセス数などで比較すると、活用は市内の中学校でもトップクラスです。ただ、まだまだ工夫すればもっと活用が広がるので、具体的かつ効果的な使用方法を伝授していきます。

⬇活用方法の研修会の開催

Q9：阪神・淡路大震災の日の行事である炊き出しについて、ノロウイルスやインフルエンザが懸念されますが？

A：阪神・淡路大震災のことは、何らかの形で伝えていくべきです。ただし、時期的に学級閉鎖が多い現状、炊き出しに課題や不安があるのであれば、来年度以降、見直していきたい。

⬇翌年度は12月中旬に実施。

Q10：修学旅行の行き先アンケートについて不信に思っている保護者が結構いますよ。
A：来月号の学年便りにアンケート結果の詳細を掲載します。

(2) PTA意識調査

前述のように運営委員会での活発な議論とその内容が学校生活に反映されていく過程で、これまでとは、あきらかに違う雰囲気を本部役員たちは感じ取っていたようです。そして、何かは変えなくてはならないとの意見も出されるようになり、まずは「意識調査」というようなイメージで、PTAの現状についてのアンケートを実施することになりました。私は本部役員たちに、アンケートを実施するということは、判明する結果についてはある程度の責任が生じることを説明し、その覚悟についても確認しましたが、当初はとりあえず出てきた結果で考えていくとの方向性でした。

そして予想通りの結果が出て、その対応を考えていくという段階にきた夏休み前に、私は本部役員たちに「もしPTAについて何らかの改革をするのであれば、前任校で取り組んだ資料がたくさん残っているので、参考にしますか?」「ただし、何度も言っているように、実情や手法は千差万別であり、絶対にそのやり方ありきではないので、無理をしないでほしい」と伝えました。

その後、本部役員たちは夏休みの期間にその資料を検討し、それらを参考にして、アンケートで示された自分たちの学校の現状や課題を考慮しながら、改革に取り組むことを決めました。今から考えると、「強制はしない」ことを最大限配慮したものの、校長が目指す学校運営や学校づくりに理解を示すということは、改革の流れに乗ることでもあり、ある程度のプレッシャーをかけたかもしれません。結果的に改革後の組織とか活動については、ほぼ前任校スタイルを踏襲する形となり、10月以降、毎月実施される運営委員会の中でも随時、検討、説明がなされました。

(3) PTA規約という壁の乗り越え方

ここで大きな問題となったのは、組織や活動内容を見直す場合にはPTA規約の改正が必要で、それは総会での手続きが求められるのではないかという懸念でした。もともと形式的なことの多い総会ですが、やはり最高議決機関であることに変わりはなく、そこを軽視するわけにはいかないという意見が出されました。しかし、5月まで待つと、当然3〜4月の本部役員・学級役員改編期には間に合わず、実質的に改訂が2年越しになってしまいます。改革が軌道に乗ることを確認するためには3年越しの課題となります。PTA役員は通常、最大3年という任期があるので、どこの学校においてもPTA改革が臨機応変に取り組むことが難しい一因としてこのような考え方があるようです。

この問題については、規約に「総会に準じる機関としての運営委員会」が規定されており、運営委員会を実質上の議決機関と位置付けて、そこでの了解のもと、1月から新たな組織や活動を前提とした学級役員選出に向けた呼びかけを始めました。まずは、全体に変更ポイントをまとめたプリントを作成し、同時に立候補を受け付けるプリントとともに、全家庭（新2，3年生は生徒に、入学生は入学説明会で）に配布しました。当然、それだけでは、すぐに全員が立候補となりませんでしたが、丁寧な説明やこの1年の実績を基に本部役員や趣旨を理解した保護者たちが、周辺の保護者に依頼して回ったところ、新3年生については3月末までに、ほぼ立候補者で確保することができました。

まずは、大きな目標であった学級委員決定がある程度進んだことで、順調にその他の変更（新組織や活動）もスムーズに流れ、これまでとは違うPTAが4月から事実上スタートしました。その後、5月の総会であらためて追認する形をとり、正式に改革が実行されていきました。各学級役員は、これまでなら総会後は専門委員会の仕事に追われるのですが、それがなくなり、腰を落ち着けて学年のこと、学級のことに目を向けることが可能になりました。

(4) 振り返り

前任校には今関さんというスーパーボランティアがいましたが、2校目には当然そのような立場の人はいませんでした。校長として着任した時に別の大きな課題を抱えていたこともあり、正直、PTAについては、積極的にアプローチはしませんでした。どちらかというとそのような余裕がありませんでした。しかし、前任校と地理的にも近いことがあり、それなりに横のつながりもあって、さまざまな情報が断片的ではあるものの入ってきていました。「ＰＴＡを変える校長」というよりも、「学校を変える校長」としての期待が高くなり、次々に対応する中で、ＰＴＡ改革がその基盤になっていることがしっかりと伝わっていったようです。もともと、真面目に真摯に取り組む保護者が多く、「子どもたちのため」という前提があれば、変えることにあまり抵抗感はなかったようです。

また、私の元には前任校での改革に関するさまざまな資料が数多く残っており、そこには、どの学校も直面する課題との対応方法やそのために配布したプリントなどがあり、一から生み出すよりはそれらを参考にすることではるかに進めやすかったことは事実です。

改革は、リスクが伴うもの。
それまでできてないことには
理由がある。

簡単に出来ることならとっくに誰かがやっているはず。リスクを伴っても前例踏襲のマンネリや古い慣習を断ち切ったほうがよい場合は思い切ったアイディアや行動が必要。
先生はしっかりした大義があれば賛成してくれる人が半分以下でも、発進されてました。
さあ、私たちはどう工夫してこの難局を打開しようか…　私たちにそんな大げさな場面はありませんでしたが。

第５章　今後の学校と保護者の在り方

(1) 地域や家庭の教育力の再生

２０１９年（平成31年）１月25日、中央教育審議会が「新しい時代の教育に向けた持続可能な学校指導・運営体制の構築のための学校における働き方改革に関する総合的な方策について」と題して答申を出しました。その中の「3．学校における働き方改革と子供，家庭，地域社会」では、次ページのような内容が指摘されています。

働き方改革が求められる社会にあって、ブラック企業と同列、いやそれ以上のものとして、学校現場の悲惨な現状が次々と明らかになっています。答申の表題に「持続可能な学校指導・運営体制の構築のため」とあるのは、裏返すと、このままでは学校は正常に運営できなくなる危機感が読み取れます。当然、国としてもその対策が急がれていますが、シンプルに人を増やして対応することは、財政上難しく、その一方で、これまで、関係多方面から指摘を受けながらも、無理やり暗黙の了解として放置し、

中央教育審議会の答申より抜粋

1．学校における働き方改革は，子供の視点，家庭や地域社会の視点も欠かせない。

2．部活動の休養日は，子供や家庭が判断する時間が増加し，学校に任せていた時間をどう使うか子供や家庭自身が考え，判断し，行動しなければならない。

3．地域全体で子供たちの成長を支え，生活の充実や活性化を図る。

4．特に，教師と保護者で構成されているＰＴＡに期待される役割は大きく，その活動の充実が求められる。

5．家庭生活や社会環境の変化によって家庭の教育機能の低下も指摘される中で，家庭の役割や責任を明確にする。

6．家庭や地域の教育力低下に伴い，学校に対する過度な期待・依存や，多様な家庭の存在が指摘されている。

7．本来であれば家庭や地域でなすべきことが，学校に委ねられてきており，「日本型学校教育」の下，学校及び教師が担うべき業務の範囲が拡大されてきた。

それが根付いた社会で即効性のある対策案が出るはずもなく、結果的には、地域や家庭にその責任を求めることに落ち着いています。

特に指摘されているのが、地域や家庭の教育力の低下です。地域や家庭がやらなくなった影響で、学校がさまざまなものを抱えてきて、行き詰っているのですから、その力を再生し、関係を再構築しなければならないのですが、具体的にどんなことに取り組むのか？その方向性は全く見えてこないのが現実です。

地域にとっては、すでに昔のようなコミュニティが崩壊した中で役割を求められても難しいでしょうし、保護者にとっても、専業主婦が中心であった時代を想定するようなことは到底受け入れられないと思います。

(2) 押し付け合うのではなく、効率的に結びつく

前項の答申にあるように「ＰＴＡに期待される役割は大きく，その活動の充実が求められる」「家庭の教育機能の低下も指摘される中で，家庭の役割や責任を明確にする」とされた時に、多くの保護者は、学校から、これまでとは比べものにならない要求（役割分担）が出てくるのではないかと不安になるのではないでしょうか。

確かに学校の立場からすると、自分たちでやっていて、「これは親のすることでしょう」と感じるこ

とは多々あります。しかし、一時的であっても子どもに不利益にならないようにとの判断から引き受けてしまうことがほとんどです。「配慮」とか「丁寧」という概念だけが「教育的指導」や「一般常識」を超越してしまうのが、今の学校現場かもしれません。

そのような中で、働き方改革として、ある程度対応可能なことについては、線引きが始まっています。例えば部活動や電話対応時間の制限などはスタートしています。しかし多忙化の問題はこのような小手先的なことでは解決できません。学校と家庭の関係を根本的に見直していくことが必要です。ただこの見直しは、学校と個々の家庭の単位で考えていくのではなく、また、生徒のことについて押し付け合うことでもありません。ＰＴＡという組織や活動を工夫することで、学校と保護者が効率的に結び付き、今まで以上に子どもたちに対する教育力を高めるのです。だからこそ、ＰＴＡ改革が必要なのです。

(3) 地域間のばらつきが出るコミュニティスクール

「日本型学校教育」の限界は、教員の働き方改革に注目が集まる以前から指摘されてきました。特に各家庭の多様性がそのまま子どもたちの育ちに影響が見られるようになって、ある程度標準的な教育の必要性は高まっていました。しかし家庭へ負担を求めるような働きかけは、子育て支援の政策が隆盛となっていることに一種の矛盾となる恐れもあり、大きく打ち出すことができませんでした。

そこで、地域の教育力に焦点があてられてきたのです。例えば、コミュニティスクールのような制度は、積極的に地域の力を学校運営に反映させて、諸課題へ対応しようというものです。教員や保護者以外に、子どもたちとかろうじてつながるのは地域しかなく、そこに注視し働きかけていくことは必然の流れかもしれません。

地域と言っても自治会、婦人会、老人会、青少年団体等々、さまざまな組織があります。日頃からボランティア精神に富んだ人たちが、地域のため、社会のために活動しており、「地域の学校」という思いも強く、それぞれの立場で学校への協力も惜しみません。登下校の見守り等安全・安心に関わるボランティア参加は、全国的に定着しています。また、最近では、教員に変わってそれぞれの専門分野を生かした教育活動（ゲストティーチャー）も盛んに行われ、大きな成果を上げているのも事実です。

しかし、どうしてもここで問題になるのは、地域による差があまりにも大きいことです。地域の学校への協力は当然、自主的なものです。したがって、できることからできる範囲で取り組むことがベースになります。その結果、場合によっては、ほとんど協力を得ることが難しい学校があったり、分野が出てきます。そうなると、全体的な政策として確定することが難しく、あいまいな部分を残さざるを得ないことになります。

また、最近の地域活動は特定の人物に役割が集中し、その中心となっている人たちの高齢化も大きな課題となっています。地域の祭りでも、櫓が組めない、餅のつき手がいない、出店の担当がいない、元気がない…こんな悩みが増えているとよく聞きます。そこで中学生に手伝ってほしいとの依頼が増えているのですが、同時に地域の方から保護者の世代の無関心に対する批判も多く、学校への協力に関しても、まずは保護者たちが担うべきではないかという意見が多く寄せられます。

義務教育下の公立校なので、必要最低限とされる教育水準は維持されなければなりません。その水準を保つ領域まで地域の教育力を統一的にあてにすることは非現実的です。だからこそ、ＰＴＡの存在が大きいのです。これは、なにもＰＴＡにさらなる負担を求めるものではなく、当事者であるＰＴＡが改革を通して違う形で学校運営に参加し、子どもたちに対して、より効果的な教育活動を実現させていくのです。その上で、それぞれの地域にある特色豊かな教育力を存分に活用するべきだと考えます。

(4) ＰＴＡ改革の基本は、より多くの保護者に学校の姿をありのままに知ってもらうこと

学校の主役である生徒たちは、10年単位で大きく変化し、その保護者の学校や教育への考え方も変わってきています。社会がこの間、大きく変化しているのですから、当然のことと言えば当然なのかもしれません。しかし、その割に学校の取り組んでいる内容には旧態依然としたものが多く残り、なかなかその変化に対応できていないのが現状です。教員の多忙化問題などは、まさしくそのギャップから生まれてきているといっても過言ではありません。

では、学校も変わればいいのですが、そこは、なかなか簡単なことではありません。学校はできるだけ多方面に配慮することが大前提なので、「費用対効果」という考え方が実践しにくい場所でもありま

す。以前は特別に配慮することがある程度限られており、学校全体でチームとして対応することができましたが、年々学習面、生活面、あるいは学校外のことにまで個人的に配慮することが多くなり、その優先順位もつけることができにくくなっています。

「教員が忙しい」とマスコミでも大々的に取り上げられ、多くの保護者の方から「大変ですね」と声をかけてもらいます。しかし、実際に、生徒や保護者から見て、マスコミ等で騒がれているだけのサービスを受けるようになったとの実感はあるでしょうか。さらに問題なことは、時代の変化にうまく対応せずに、ただやみくもに、とりあえずできそうなもの、抱えられそうなものを旧来のやり方で背負って、それらが本当にやらなければならないものと混合してしまっていることです。

ＰＴＡ改革に限らず、学校のシステムを大きく変えることはなかなか大変なことなので、少し矛盾するかもしれませんが「できることから少しずつ」という柔軟性と「聖域を設けずやり抜く」という覚悟の両輪が必要かもしれません。

(5) 保護者を大切なパートナーとして

地域のスーパーなどで保護者が複数集まれば、すぐに学校の文句を…と聞いたことがあります。一部の方だと思いますが、ある意味それは当然のことかもしれません。なぜなら、一般の保護者は学校のことをあまり知りませんし、詳しく知ることができないからです。自分の子どもや知り合いの子どもを通して、ある程度の情報を持っている保護者でも大きな誤解や間違った伝わり方をしているケースが多いように思います。

今回のＰＴＡ改革の基本には、より多くの保護者に学校の姿をありのままに知ってもらうことがあります。参観日や保護者会という従来の枠組みだけでなく、もっともっと本音の部分でＰＴＡ活動を通して、学校のことを理解してもらうのです。

ほとんどの学級役員が出席する月に1度の運営委員会では、当然、学校への要望や疑問点が出てきますが、同時に学校側からも現状や特に直面する課題をできるだけ赤裸々に提示します。学校も保護者も「子どもたちのため」という視点や目標が一致しているので、必ず最後は建設的で前向きな提案が出てきて議論は収束します。

その後、運営委員会で出た話題について、学校は何でもかんでも年度送りにせず、当然可能な範囲ですが、目に見える形で、迅速に何らかの対応を心掛けます。その結果がどうであれ、それだけで大きな信頼感が生まれ、次の運営委員会が活発でさらに充実したものとなります。持続可能な学校運営やＰＴＡ活動とは毎年決まった分担を粛々とこなすだけでなく、このように実質的な議論をすることで活力が生まれ、形式的な部分も含めて維持されていくと思います。

今の社会では、何事も説明責任が求められます。それは、学校も同じで、学校評価アンケートや授業アンケートなどを実施して、しっかりとしたエビデンスに基づく分析や対策を提示するようになっています。もともとそのような時代になっているにも関わらず、学校と保護者の結びつきは大きく変わっていません。毎月、保護者総会や個別懇談会を実施することもできませんし、プリントを配布してもなかなかすべての保護者には行き渡りません。現在、現任校では毎月の運営委員会に50人近い学級役員が参加します。それだけで、全世帯の10分の１です。もし１人の役員が５人の保護者に伝言してくれれば、それだけで半分近い保護者がタイムリーな情報を共有できます。重なりもありますが単純に考えるとそのようになります。また、近くの役員さんに意見や要望を託すこともありますので、１人の役員さんが５人の保護者からの意見や要望の受け皿になれば、それだけで半数の保護者からお聞きしたことになります。当然、１００％は難しいので個別の対応もしますが、少しでも多くの保護者と実質的なつながりを実現することが、よりスムーズで充実した学校運営には不可欠であり、そのためのＰＴＡ改革も大きな意味を持ちます。このような制度で、ＰＴＡを学校運営の柱に位置付けて、たくさん助けてもらっている校長としては、逆に戻れなくなっているのも本音です。

(6)　まとめ

ＰＴＡについて、強制加入や会費の問題等が大きくクローズアップされるようになり、否定的な意見ばかりが目立つようになりました。「いっそのことＰＴＡなんか無くしてしまえ」こんな声すら出始めています。そもそもＰＴＡの目的は、教員と保護者が協力して子どもたちへの教育効果を向上させる事にあるのですが、その点に関する建設的で具体的な議論はほとんどありません。価値観の多様化が急速に進む社会の中で、学校という集団において、子どもたちがより充実した学校生活を確保するために、教員と保護者の代表が協議したり連携したりする場の必要性は増大しているにもかかわらず、真逆な方向へ進んでいることを危惧しています。これだけ社会情勢が変化しているのに何十年とその根本的な姿を変えなければ、歪みが大きくなるのは当然ですが、感情論的な議論は決して「子どもたちのため」にならないと考えます。もし、学級役員の活動を大幅に削減して、その範囲でできる人が率先して役員になり、代表して学校と協議・連携してくれたら、入会拒否を考える保護者は激減すると思います。会費についても、できるだけ削減し、活動のための保険など必要最小限にすれば、理解を得ることは可能だと思います。

また、保護者は子どものことについて、当事者なのですから学校に意見を言って当然です。例え、それが個人的なことであろうと全体的なことであろうと、伝えていくことは大切です。ただし、その手法やシステムは工夫が必要です。例えば、生徒が５００人規模の中学校であれば、職員の数は30人弱です。１人の担任は約35人の生徒を担当します。それぞれの生徒や保護者が個人的なこと、全体的なことを主張しても、すべてに対応することは物理的に不可能です。極めて個人的なことや軽微なことでの連絡は別としても、ある程度共通するような意見を、まずは保護者の組織の中で、議論したり、方向性をまとめ、効率的に学校運営において反映させることが、これからの在り方だと考えます。

学校は、社会で立派に役割を果たすことができるように、学力を含め、さまざまなスキルを学習する場であり、教員はその目的に沿って教育活動に勤しむべきです。また、家庭は、そのために必要な基本的な価値観や体力・知力を身につける場であり、この役割分担は明確だと考えます。したがって、学校と家庭は常に密にに連絡を取り、互いの立場を尊重しながら補完しなければなりません。ところが、最近はその役割分担がおかしくなり、学校は「なんでこんなことまでしなければ」という思いが強くなり、家庭は「教育は学校、教員の仕事でしょう！」という不満が出ています。

そもそも、集団性を高めさせたい学校と個性を伸ばしたい家庭とが、互いに責任転嫁をして、教育活動がスムーズに運ぶはずもありません。家庭の教育力をうまく活用できず、多くの諸課題が学校に降りかかる現状で、多忙だから丁寧な指導ができずにトラブルや不信をさらに生んでしまう悪循環に陥ってしまうことは不幸なことです。

学校は保護者が役割を果たしてくれないから諦めるのではなく、ＰＴＡを大胆に改革するなどして、現代風なやり方で、保護者が役割を果たしてくれるように工夫するべきだと思います。

必ず山はある。
ぶれる事により
失うものを考える。

私たちPTA役員にとり、批判や苦情は一番こたえます。あれこれ意見を聞くたびに「やり方戻そうか…」「やめとこうか…」と迷う事もあります。でもいつも芯にすえる大事な部分、「子どもたちのため」はどうなのか、に立ち返りながら、ぶれる事により、変化のチャンスや一度その気になってくれた方々の信頼を失わないためにも、目の前の山をとりあえず越えてみようと進みました。

「私たちのＰＴＡ改革の経緯を、本にして記録に残そうと考えています。福本先生の提案や冷静な分析なしでは改革はできませんでした。ぜひ、先生からの視点で書いてください」と、今関さんから連絡がありました。

私なんかよりも何倍も何十倍も努力したり工夫したりしておられる学校やＰＴＡも数多くありますので、このような内容をまとめるのはとても恐れ多いことでした。もともと特別なことをしているつもりもなかったのですが、たまたま巡り会った目の前の生徒やその保護者が少しでも喜んでもらえるように、「驚かせてやろう」「まあ、なんとかなるやろ」「ここはおかしいから変えなあかん」とチャレンジしていたら、他ではあまりしないことをやっていたようです。その結果、独創的な思考や手法のＰＴＡ改革と評価していただくようになりました。形式的なことが大っ嫌いな性格ゆえ、後任者をはじめとし、周囲にも多大な迷惑をかけてきました。それでも理解し応援してくれる人たちに支えられて、さまざまなアイディアを具体化させることができました。ＰＴＡ改革もそのひとつです。ただ、それらがすべて正解であったわけでもなく、また、これまでは立候補でＰＴＡ役員の定数が埋まっていますが、何より強制しないことが大前提なので、今後、立候補が少ない年も予想されます。少なければその人数でやれることをやればいいでしょうし、年度途中でも随時募集すればいいと考えます。また、取り組みごとに全保護者にボランティアを募集することも可能です。大切なことは、その時々の生徒や保護者の状況をしっかりと受け止め、最後まで努力、工夫することだと思います。

公立の学校は、先生も生徒も互いに選ぶことはできません。だからこそ、その一期一会にこだわって、頑張ることがまさに「教員の矜持」だと考えます。さらに、「もし、自分の子どもが通うとしたら？」と考えれば、勇気も湧いてきますし、モチベーションも上がります。これからもシンプルに「楽しい学校」「おもしろい学校」を目指して、教育に携わっていきたいと思います。

福本　靖

私たちのＰＴＡ改革について地元の神戸新聞で紹介されたことがきっかけで、神戸だけでなくあちこちのＰＴＡ会長さんから「ＰＴＡを改革したいのだけど、なかなかうまくいかなくて…」と、問い合わせや相談がくるようになりました。中には、「今関さんみたいに成功させた人がいると心強い反面、なぜ私には出来ないのかと気持ちが沈むんです…」と嘆いておられる方もいらっしゃいました。

「ＰＴＡ改革のこれまでの実績をまとめませんか」「ＰＴＡについて悩んでいる保護者や学校関係者に伝えていきませんか」この本を出版するにあたり、このように声をかけていただきました。上手に改革された学校が全国にたくさんある中のひとつとして、記録に残そうとした時に、私がどうしても外せなかったのは福本校長先生の視点や冷静な現状分析でした。私だけが書き残すと、ＰＴＡ会長だけがあれこれ尽力して改革を成功させたような、事実と反する本が出来上がってしまいそうな気がしました。ＰＴＡに関わる保護者と先生、この両輪がうまく動く事こそが改革成功のカギです。

これから改革に取り組もうとするＰＴＡ会長さんに、声を大にして言いたいのは「１人で頑張らずに、校長先生と共通の目標を持って二人三脚でＰＴＡのあり方を見直してください！」という事です。決して１人で頑張らないでくださいね。

最後になりますが、このような本を出す機会を与えてくださった方々にお礼を申し上げます。当時の事を一緒に思い出してくれた役員の仲間たち、手記を寄せてくださった、元ＰＴＡ会長、元委員長、地域団体の会長、教頭先生、関係者の皆様、ありがとうございました。「本を出しませんか」と声をかけていただき執筆についてアドバイスをくださった企画制作の担当者さん、版元さん、編集者さん、校正者さん、デザイナーさん、イラストレーターさん、ありがとうございました。そして、共著として名前を連ねてくださった福本校長先生、ありがとうございました！

この本が、少しでもＰＴＡ改革のお役に立つ事ができれば幸いです。

今関　明子

今関明子（いまぜき　あきこ）
1968年（昭和43年）生。
神戸市在住、２男１女の母親。
2009年（平成21年）より本多聞小学校で４年、本多聞中学校で３年ＰＴＡ会長、副会長を歴任。現在、民生主任児童委員として、地域で課題を抱える子どもやその保護者と関わっている。また、地域ボランティアによる放課後学習会を主宰し、子どもたちの学力向上に取り組んでいる。

福本　靖（ふくもと　やすし）
1961年（昭和36年）生。
神戸市在住、神戸大学教育学部卒。
神戸市内公立中学校３校の勤務を経て、2008年（平成20年）より教頭、教育委員会事務局指導主事、校長等を歴任。
2022年4月、川西市教育委員会事務局教育推進部参事を経て、
2024年4月神戸市教育委員会教育長に就任。

PTAのトリセツ　～保護者《ほごしゃ》と校長《こうちょう》の奮闘記《ふんとうき》～

2019年5月 9日　初版発行
2024年6月28日　3版2刷発行

著　者　今関明子
　　　　福本　靖
編　集　嘉納　泉
イラスト　白井陽子
発行者　樫野孝人
発行所　CAPエンタテインメント
〒654-0113　神戸市須磨区緑ヶ丘1-8-21
TEL　070-8594-0811
http://www.kashino.net

印刷・製本／シナノ書籍印刷

落丁・乱丁本は、送料小社負担にて、お取り替え致します。

ISBN 978-4-910274-01-0 Printed In JAPAN